ほとんど 鉄道不要論

青山学院大学教授
福井義高 著

中央経済社

まえがき

日本のみならず世界を襲ったコロナ禍で鉄道利用が激減し、それまでまことしやかに唱えられていた「鉄道復権論」は急速に下火になった。日常生活がほぼコロナ前に戻った今も輸送量は完全には戻らず、ＪＲ本州三社や大手私鉄といったこれまでの鉄道勝ち組ですら、今後も輸送量が戻らない前提で経営を考えるようになった。また、コロナのはるか以前から使命を終えて久しい閑散路線の廃止に、遅ればせながらＪＲ各社が本腰を入れて取り組み始めた。

しかし、コロナは１つの契機となっただけで、鉄道の復権などもともと幻想にすぎず、ローカル線廃止を早急に進めるべきことは、拙著『鉄道は生き残れるか』ですでに２０１２年に指摘していたところであり、正直にいうと《I told you so》の心境である。

良くも悪くも日本国有鉄道（国鉄）を筆頭に鉄道が日本経済において大きな地位を占めていたころに比べ、社会での鉄道の比重が低下した今日、鉄道に関心を持って発言するのは鉄道ファン中心となり、研究者を含む有識者とされる人たちの間でも、この傾向は否めない。そのため、鉄道をめぐる議論では、国鉄分割民営化で清算したはずの鉄道天動説が相変わらず幅を利かせ、公費投入を当然視し、どうやって鉄道を残すかという立場から語られがちである。

しかし、鉄道は輸送という機能を担う一手段にすぎず、国民経済全体の観点からどのような交通のあり方が望ましいかを考える際、まず鉄道ありきで始めるのは、建設的議論の妨げになる。本書では前著に引き続き、声は大きいけれど国民全体からみれば微々たる数の鉄道ファンを除く鉄道利用者の圧倒的多数は、決して鉄道を好んで利用しているのではなく、仕方なしに使っているという現実を直視し、限られた分野を除いて、鉄道はもはや必要とされていないことをデータに基づき明らかにしたつもりである。すでにコロナ前の鉄道復権論が喧しかった時点でそうであったことを示すため、データは主に2018年度と2019年度のものを用いた。前著と比較して政策論により多くの紙面を割いた点が本書の特徴といえるかもしれない。

モータリゼーションの進展と飛行機利用の大衆化で、鉄道はほとんど不要となったけれども、幸いなことに、世界でも稀な人口集積のおかげで、移動するためには嫌でも鉄道に乗らざるを得ないマーケット、つまり他の輸送手段では対応できない「すき間」が日本にはまだ多く残っている。この鉄道がその大量輸送という特性を発揮できる「すき間」に限られた資源を集中し、ノスタルジーの対象ではなく日本経済にとって意義ある存在であり続けるにはどうしたらよいか。本書はこの問いに対する筆者なりの答えである。

本書は、すべての国民に移動という人間にとって根源的な活動を保障する必要があるという前提に立っている。公共性をそのように理解しているといってもよい。ビジネスとして儲かるか儲からないかという狭い意味での効率性だけを基準に鉄道路線の存廃を議論すべきと考えているわけではない。

そもそも、国民経済全体の観点からの効率性と公共性は相反する対立概念ではない。移動の確保に公共性があるにしても、鉄道という手段で実現する必要はない。地域の実情に基づき、他の輸送手段と比較したうえで、必要な輸送サービスを提供するにあたり、利用者以外の負担を最小限に抑えるという意味での効率性を追求すべきであり、その結果、鉄道という結論になる場合もあるし、そうでない場合もあろう。本書のローカル線廃止論は、モータリゼーションが進んだ今日、その特性を発揮できなくなった鉄道を残すより、道路を活用する輸送手段の支援に切り替えたほうが、地域住民にとっても、コストを負担する他の国民にとっても、望ましいという主張である。実際、ローカル線廃止絶対反対を唱える知事・市町村長や地元選出国会議員も、運転手付きの自動車で移動しているのである。上級国民は別ということかもしれないが。

人口減少で「すき間」が狭まる一方の鉄道の未来は明るくない。とはいえ、ルネッサンス期イタリアの政治家・歴史家フランチェスコ・グイチャルディーニの警句は日本の鉄道にも当てはまる。「激しい一撃によってではなく、徐々に衰えて滅びることが運命づけられているものは、人々が初めに思っていたより、ずっと長く続くものなのだ。」今後、鉄道事業者が絶対に避けなければならないのは、国鉄がそうであったように、外部の無責任な応援団に振り回され、ジリ貧ではなくドカ貧となることである。長く終わりが見えない撤退戦を粛々と続けるには、強靭な精神力と冷静な現実認識が欠かせない。それは鉄道だけに限られた話ではない。日本の近代化を支えた鉄道人には、老大国日本の優雅なる衰退の見本を示してほしいし、それはかならず成し遂げられると信じている。

本書執筆にあたって、筆者の書生論におそらく辟易しながらも付き合っていただいた国鉄・ＪＲ東日本の先輩や同僚から数々のご助言を賜った。この場を借りてお礼申し上げる。なお、２０１２年8

月にJR東日本非常勤嘱託を辞して以来、筆者とJR各社の間には、一利用者であることを除き、いかなる利害関係もない。

鉄道について語る人たちはほぼ例外なく鉄道にやさしく温かい。しかし、前著のまえがきでシェークスピアの『マクベス』の名文句をもじって述べたように、「温かいは冷たい、冷たいは温かい」のが世の習い。たまには鉄道に冷たい意見も聞いてみたいと思われた方は、ぜひ本文をお読みください。

令和5年7月吉日　国鉄職員・国労組合員だった義父寺戸一郎に

福井　義高

(付記) 本書はJSPS科研費18K01939の助成を受けた研究成果の一部であり、「朝日新聞　論座」サイトおよび月刊誌『企業会計』に掲載された拙稿に依拠している。

目次

まえがき・3

第1部　未完の国鉄改革と鉄道の窮状――15

第1章　国鉄改革は未完である――JRは同じ轍を踏むのか……16
国策に反した国鉄独自の改革案・17
地域分割を主張した「改革3人組」・19
改革派が目論んだ「JR東日本ハブ会社」構想・20
JR各社を一体運営しようとした改革派・22
政権は改革派の「焼け太り」を許さなかった・24

第2章　都市「圏」輸送に鉄道の強みがある
――1日の移動時間と列車運行の関係……27

移動は1日1時間・28
「福井定数」：ＪＲ15キロ法則・30
コロナ後の鉄道利用・34

第3章 旅客輸送量データが当てにならない
―「史上最高」の陰に数字のトリック……36

鉄道のシェアが激増？・37
私鉄は輸送人キロがお嫌い？・40
上場に向けてデータを隠すＪＲ貨物？・45

第2部 地域交通手段としての鉄道の限界――49

第4章 地域交通の主役は「鉄道やバス」ではなく「自家用車」でよい！……50

地域での交通は「公共」でなければいけないのか・50
ほとんどいない乗合交通の利用者・52

ＥＢＰＭはどこへ・55
地域交通政策は自家用車中心で・57

第5章 ローカル線の維持・廃止論
―利用者以外の負担を正当化するにも限度がある……61

動き始めたＪＲローカル線廃止の議論・61
データに基づかない現状認識・62
「成功例」は成功していない・64
ローカル線廃止は国鉄の悲願・66
半世紀以上前に提示されていた解決策・67
国鉄ローカル線対策への不十分な理解・69
分割反対派も共有していたローカル線廃止・71
都会の住民の負担はいつまで続くのか・74
「欧州では論」のまやかし・76
国民の視点で効率的な地域交通の構築を・79

第6章 どの路線に住むかで生じる不公平な運賃格差・81

低価格弾力性が可能にする運賃格差・82

ローカル線運賃格差の謎・83
ＪＲ東日本から「御用金」調達・86
首都圏通勤路線の運賃格差・89

第7章　インフラ老朽化に対処できない中小鉄道・整備新幹線……92
深刻な公的インフラ老朽化・93
中小鉄道の今そこにある危機・96
サステナブルではない整備新幹線・100

第3部　さらば鉄道貨物——107

第8章　ＪＲ貨物の隠された「相当な赤字」……108
貨物輸送のトラック依存度は高くない・109
鉄道が運ぶべき貨物は日本に存在しない・109
最後の栄光の日々だった１９６０年代・111
交差した新幹線と貨物輸送・112

輸送量は最盛期の3分の1に・113
貨物輸送はビジネスベースがコンセンサス・115
それでも貨物継続にこだわった国鉄・116
批判のなか分離独立して再出発・117
黒字化という「奇跡」が起きた・119
「奇跡」を起こした本当の理由・120
30年以上に及んだ「当分の間」・122
再び交差した新幹線と貨物輸送・125
JR貨物に必要なのは「終活」・127
ローカル線廃止論議の妨げにも・128

第9章　有事に鉄道貨物輸送は必要なのか……130

安全保障の観点からの貨物維持論登場・130
北海道に鉄道貨物は必須ではない・131
危険物もトラックで運べると確認済・133
あれば使われる程度の有事鉄道輸送・134
自動車大国にとって鉄道頼みはナンセンス・136
青函トンネルの上に原子力潜水艦・137

国民の安全より虚構の維持を優先する政府・139
それでも鉄道貨物を維持するのなら・140

第4部 新幹線幻想とＪＲ6社の現実

143

第10章 ＪＲ九州は新幹線を自力で維持更新できるのか

—最後は税金頼み？

144
新幹線が負の遺産になる前に・144
予想を裏切ったＪＲ九州の成功・146
上場の「メリット」・149
将来は新幹線廃止？・151
在来線は価値ゼロ？・153
鉄道廃業への道？・156

第11章 ＪＲ四国は「新幹線を持たない強み」を活かせ

—大きな「中小私鉄」へ

159

国鉄改革時の予想どおり衰退・159
万遍なく低利用・161
鉄道にほとんど「すき間」のない四国・165
新幹線がない幸運・168
報われない努力・171
困難な再生プランの策定・174
それでも生き残る余地あり・178

第12章 JR北海道を三分割せよ—ローカル線・新幹線・貨物という三重苦からの脱却……183
明暗を分けた北海道と四国の鉄道・183
輸送内容の劇的変化・186
鉄道は堅調なのに、経営は危機・190
JR北海道分割による再生案・197
分割3社の収支を試算する・199

第13章 JR本州3社の生きる道—コロナ後の旅客鉄道……204
コロナ後の輸送動向・210

本州3社の今後・211
東海道・山陽以外の新幹線は各社の重荷になっていく・213
JR本州3社の生きる道は・214

終章　鉄道の老後―輸送手段へ回帰せよ・217

分割民営化のおかげで生き残ったローカル線・217
分割のメリット・219
不透明な裏口からの支援・220
ソフトな予算制約と組織の自己目的化・223
国家の暴力団性・226
おわりに・228

第 1 部　未完の国鉄改革と鉄道の窮状

ローカル線　まえがき

第２部
地域交通手段としての
鉄道の限界

Only fools think they're wise; the rest of us just muddle through as we can.
Charles de Lint

第１章　国鉄改革は未完である
　――ＪＲは同じ轍を踏むのか
第２章　都市「圏」輸送に鉄道の強みがある
　――１日の移動時間と列車運行の関係
第３章　旅客輸送量データが当てにならない
　――「史上最高」の陰に数字のトリック

第1章

国鉄改革は未完である——JRは同じ轍を踏むのか

第二次大戦後、まだ占領中だった1949年に、ダグラス・マッカーサー元帥率いるGHQの指示に基づき運輸省から分離され、公共企業体として発足した国鉄は、38年後の1987年に分割されJR体制に移行した。それから36年経ち、JR各社の現状はどうなっているのか。

コロナ禍前、すでにJR北海道・四国は抜本的対策を要する深刻な構造的赤字状況に陥っていたにもかかわらず、実質的に100%株主である国は、今日に至るまで持続不可能な弥縫《びほう》策で延命を図ることに終始している。また、JR九州は国策に沿った無謀な新幹線推進で、その鉄道事業に持続可能性がないにもかかわらず、国民への背信とすらいえる株式上場を強行した。

一方、コロナ禍に見舞われるまで、JR東日本・東海・西日本の本州3社は収益の安定した優良企業として、その経営は盤石にみえた。とはいえ、10年以上前に公刊した拙著『鉄道は生き残れるか「鉄道復権」の幻想』（中央経済社、2012年）で指摘していたとおり、まことしやかに唱えられていた鉄道復権論は幻想にすぎず、旅客鉄道が衰退産業であることは、事実を直視すれば明らかであった。まさか鉄道輸送のプロであるＪＲ経営陣が根拠なき鉄道復権論に幻惑されてはいなかっただろうし、輸送量減少の長期的トレンドを見据え、今後の鉄道のあり方について検討を進めてきたに違いない。しかし、コロナ禍による輸送量減少に直面し、鉄道生き残りに向け、もはや時間の猶予はない。

また、国鉄赤字の元凶の１つであった鉄道貨物を引き継いだＪＲ貨物は、実質的には大赤字が続いており、青函トンネルの北海道新幹線との併用や、札幌延伸に伴う並行在来線廃止をめぐり、大きな岐路に立たされている。

角本良平元国鉄監査委員（１９４１年12月鉄道省入省）が１９７５年に国鉄の地域分割を唱えたとき（『高速化時代の終わり　新しい交通体系を探る』日経新書）、国鉄関係者はほとんど誰もまともに取り合わなかった。しかし、その12年後、国鉄は解体されたのである。

ＪＲ各社は果たして国鉄の二の舞となることを避けることができるであろうか。今一度、国鉄改革が目指したものは何だったのか、それを実現することはできたのか、検討してみることも無駄ではないであろう。まず、今では忘れられた国鉄独自の最後の改革案から始めてみたい。

国策に反した国鉄独自の改革案

１９８５年１月、国鉄は抜本的改革案として「経営改革のための基本方策」（以下、「基本方策」）を公表する。しかし、「基本方策」は中途半端な改革案として、亀井正夫住友電工会長を委員長とする国鉄再建監理委員会（以下、「監理委」）に厳しく批判され、大手マスコミも監理委を支持、国鉄再建はもう現経営陣には任せられないという流れとなっていく。そして、国鉄経営陣が頼みの綱とする田中角栄元首相が2月に脳梗塞で再起不能となり、中曽根康弘首相は6月に仁杉巖総裁（1938年鉄道省入省）を解任、杉浦喬也元運輸事務次官（1951年入省）が新総裁に就任した。そして、7月に、監理委は最終意見として「国鉄改革に関する意見――鉄道の未来を拓くために――」（以下、「最終意見」）を中曽根首相に提出する。法律で「内閣総理大臣は、委員会から…意見を受けたときは、これを尊重しなければならない」とされ、実際、この「最終意見」に基づき、国鉄は分割民営化され、1987年4月にJR体制がスタートした。

国鉄が公表した「基本方策」の何が問題だったのか。まず、「基本方策」は「需要は伸び悩む一方、鉄道特性を発揮し得ない分野が拡大」するという認識の下、旅客輸送に関しては、「鉄道特性を発揮し得る分野即ち『都市間輸送』及び『都市圏輸送』に重点化」するとした。一方、監理委の「最終意見」は「国鉄のシェアは、これまで一貫して減少を続けてきたが、将来の見通しも極めて厳しい」という認識の下、「新幹線を中心とする中距離都市間旅客輸送や輸送密度の高い大都市圏旅客輸送及び地方主要都市の旅客輸送の分野における基幹的交通機関」としての役割が求められているとした。特性のある分野に集中して生き残りを図るという、「基本方策」と「最終意見」の鉄道の将来に関する見通しおよび方向性は一致していたのである。国鉄改革とは鉄道天動説の否定であった。

次に経営形態に関しては、「基本方策」は国鉄を特殊会社化するとしたけれども、労働基本権については国鉄と同じ、つまりスト権は認めないとした。一方、「最終意見」は「民間企業と同様の経営の自由と自主性を持つことが必要」としつつ、「国自らがイニシアティブをもって強制的に設立する特殊会社」とし、労働基本権に関しては民間企業並みとした。「最終意見」は「条件が整い次第、逐次株式を処分し、できる限り早期に純民間会社に移行する」としたものの、現実には、早期に上場できるとは考えられていなかった。経営形態に関しても、「基本方策」と「最終意見」に大きな違いはなかった。

「基本方策」が批判された最大の理由は、北海道・四国の分離は検討するとしたものの、全国1社体制を維持するとした点にあった。行政改革（行革）が当時の自民党政権の中心課題となるなか、前任の鈴木善幸内閣で中曽根氏が所管の行政管理庁長官在任中、1982年5月に第二次臨時行政調査会（以下、「臨調」）「第四部会報告」、7月に「行政改革に関する第三次答申」で国鉄分割民営化が打ち出され、政府の正式な組織として監理委設置が決められた。「基本方策」はいわば国策に反する改革案だったのである。

地域分割を主張した「改革3人組」

しかし、国鉄内では全国1社体制維持が大勢で、地域分割を主張していたのは「国鉄改革3人組」と呼ばれた井手正敬総裁室秘書課長（1959年入社、のちにJR西日本社長）、松田昌士経営計画室計画主幹（1961年入社、のちにJR東日本社長）および葛西敬之職員局職員課長（1963年入社、のちにJR東海社長）をリーダーとする少数の中堅幹部に限られ、土木技術者出身の仁杉総裁は就任当初、地域分割に賛成だったとされながら、すぐにトーンダウンし、指導力を発揮できずにいた。「基本方策」発表と前後して、井手氏と松田氏は地方鉄道管理局に異動となる。

国鉄内では、民営化はともかく、その良し悪し以前に地域分割など実現不可能な机上の空論とみなす意見も根強かった。「基本方策」策定の中心を担った旅客輸送の専門家と自他ともに認める須田寛常務理事（1954年入社）もその1人だったと、井手氏が後年指摘している（「国鉄改革前後の労務政策の内幕」）。ところが、経営トップのなかで唯一、改革派を支持していた竹内哲夫常務理事（1953年入社、のちにJR東日本非常勤監査役）は、1985年6月に仁杉総裁とともに辞任、須田氏は常務理事にとどまり、JR東海の初代社長に就任したのだから、権力闘争は魑魅魍魎、まさに一寸先は闇というべきか。

最終的には国鉄の枠を飛び越えて、直接、政財界要人や世論に訴え、中曽根首相に分割民営化を決断させた上記3人を中心とする改革派が守旧派の国鉄経営陣に勝った形となったけれど、実はそれは「苦い勝利」であった。「最終意見」どおりに分割されたJR旅客6社は、全く別の事業体としてそれぞれ独自の道を歩み今日に至っている。しかし、それは改革派の当初構想とは大きく異なっていた。改革派の描くポスト国鉄のあり方は、「基本方策」とそれほど違ってはいなかったのである。

改革派が目論んだ「JR東日本ハブ会社」構想

実は、改革派の当初構想では、地域分割し形式的には別会社になった後も、井手氏が中心となって新会社の幹部人事は一体として各社間をまたがって運用されることになっていたのだ。このことを筆者（1985年入社）が最初に聞いたのは20年以上前、改革派の主要なメンバーだった内田重行氏（1971年入社）からである。国鉄最後の秘書課総括補佐となった内田氏は、総裁室長となった井手氏の片腕として、新会社の人事に深く関わり、1987年に国鉄が分割された後、JR東日本初代人事課長に就任した。ところが、将来の社長候補と言われていた内田氏は1年ほどで異動となり、以後、経営の中枢から遠ざけられる。労政をめぐる経営トップとの対立が理由とされ、JR東日本退社後、京都にあるJR西日本の子会社役員となり、在職中の2003年に不慮の事故がもとで亡くなった。生前、内田氏から伺った興味深い話の1つが、実質的全国1社体制構想である。本当にそんな構想があったのか半信半疑であったけれども、それが事実であったことが、2017年に葛西氏によって明らかにされた。この年出版された自著『飛躍への挑戦』（ワック）で、葛西氏はこう記している。

再建実施推進本部（総裁室・経営計画室）はこう考えたと思う…国鉄人の手に残った最強の収益源である首都圏の国鉄路線網を引き継ぐJR東日本に経営資源を極力集中して国鉄本社的な機能を持つ「ハブ会社」とし、対外的にJR各社に統一した意思を代表させ分断を回避すると同時に「ハブ会社」が他の地域JRに経営的支援を行い、人事面でも相互の交流を維持するのがベストである…その構想が煮詰まったのは…自民党が「死んだふり解散」による衆参同日選挙［1986年7月］で地滑り的な大勝を博した後と考えられる。再建実施推進本部の井手総裁室長と腹心の若手経営計画主幹が構想し、杉浦総裁の承認を得たと思われる…

自民党が大勝した時、いよいよ分割民営化の実現が確実となり、それにともなう資産分割や幹部人事などの作業が本格化した。その任にあたったのが…井手総裁室長、松田経営計画室審議役と井手氏腹心の経営計画主幹であった。

この「JR東日本ハブ会社」構想に、葛西氏はどのように関わっていたのか。

もし私たちが相談を受ければ各社を明確に地域分割し、それぞれが自立することを考えるべきであり、JR東日本からJR各社への経営支援などあり得ないと反対しただろう。それがわかっていたから、「ハブ会社」構想は職員局［当時、葛西氏が局次長］に対しては特に秘匿して進められたのである。

要するに、葛西氏は国鉄改革3人組のうち自分だけが蚊帳の外に置かれ、「ハブ会社」構想を聞かされておらず、知っていれば反対したと、30年経った後に主張しているわけである。しかし、葛西氏の主張は額面どおりには受け取りがたい。

JR各社を一体運営しようとした改革派

この『飛躍への挑戦』では、名前を明示されない「若手経営計画主幹」が葛西氏の私心なき国鉄改革・JR東海経営を妨害する一種の悪役として頻繁に登場する。この人物が同書出版前の2012年に亡くなった細谷英二計画主幹（1968年入社、のちにJR東日本副社長、りそなホールディングス会長）であることは、当時を知る国鉄関係者であればすぐにわかる。細谷氏は井手氏が秘書課長時代に総括補佐（内田氏の前々任）を務め信頼が厚かったことは確かなものの、国鉄改革時は人事とは直接関係ない経営計画室所属であり、新会社の具体的な人事構想に関して井手氏を支えていたのは前述のとおり内田氏であった。

また、葛西氏が主張するように、杉浦総裁が「ハブ会社」構想に賛成していたのであれば、総裁のみならず総裁と常に行動を共にしていた大塚陸毅秘書役（1965年入社、のちにJR東日本社長）も、「ハブ会社」構想を葛西氏に伝えなかったということになる。葛西氏自らが記しているように、国鉄改革は、通常の担当常務理事―局長―課長のラインではなく、葛西氏が掌握する「余剰人員対策推進本部」と井手氏が掌握する「再建実施推進本部」を杉浦総裁がトップダウンで直接指揮するかたちで進められた。そして、「この仕組みを杉浦総裁、井手審議役、大塚秘書役と私で決定した」と明かしているのは葛西氏本人である。葛西氏は前著『未完の「国鉄改革」巨大組織の崩壊と再生』（東洋経済新報社、2001年）でも、外部からきた新総裁と改革派をつなぐ重要な役割を担う秘書役に大塚氏を「我々が推薦した」と記しているように、大塚氏に信頼を寄せていたことは間違いない。

もし本当に「ハブ会社」構想が葛西氏に「秘匿して進められた」のであれば、杉浦氏と大塚氏に裏切られたことになる。にもかかわらず、葛西氏は同じ著書で「杉浦総裁…との間の信頼関係は新事業体発足後も続いた」と記し、杉浦氏も1990年に国鉄清算事業団理事長を退任した際、実現しなかったものの、JR東海会長に招聘されたと語っている（『朝日新聞』1990年6月23日付夕刊）。また、葛西氏は2022年5月に亡くなるまで、大塚氏について高く評価することはあっても、批判するような発言は管見の範囲では一切していない。

興味深いことに、共産主義革命を目指す政治集団いわゆる過激派のなかで最大勢力を誇る革マル派は、葛西氏と大塚氏が分割民営化後も密接な関係にあったと主張している。2000年5月20日、革マル派交通労働者委員会は『進撃』第1号を発行し、「労働運動の基本にたち返れ」と題した記事のなかで、「4月14日に、葛西の子分と自他ともに任じてきた大塚陸毅がＪＲ東日本会社の次期社長に就任することが報じられた」と記している。当時、大塚氏は松田社長の下で副社長を務めており、葛西氏はＪＲ東海社長であった。さらに、大塚氏の社長就任に合わせ、6月26日、革マル派機関紙『解放』に「『動労型労働運動』の伝統を甦らせよ」と題する署名入り記事が掲載された。著者の革マル派幹部、南雲巴（ペンネーム）は、「今日、〝カサイ流が箱根を越えて東に流れ込んだ〟といわれるような葛西―大塚体制が成立した。…葛西―大塚体制が成立したとしても、彼らがかけてくる攻撃を、ＪＲ総連のたたかう仲間たちは、下からの着実な闘いを基礎にして労働者的団結をもって断固はね返すのが必要なのだ」として、葛西氏と大塚氏が一体となって、元動労委員長の松崎明ＪＲ東労組会長（当時）が主導するＪＲ総連（ＪＲ東日本労組などが所属する産別組織）を攻撃するというのだ。「カサイ流」というのは「葛西」と「火砕流」をかけた、革マル派お気に入りの表現である。なお、この「南雲」と称する革マル派幹部が、同年3月にＪＲ東日本を定年退職したＪＲ東日本労組活動家だったことを、革マル派もＪＲ総連も実名を明らかにして認めている。

いずれにせよ、ＪＲ東日本を「ハブ会社」として、井手氏をトップに改革派がＪＲ各社を実質的に全国一体で運営するつもりだったことは間違いない。国鉄旧経営陣も改革派も実は同じことを目指していたのだ。しかし、この構想は土壇場で挫折するのである。

政権は改革派の「焼け太り」を許さなかった

日本経済新聞元副社長の牧久氏が未公開の井手氏の回想録に依拠して書いた『昭和解体　国鉄分

割・民営化30年目の真実』（講談社、２０１７年）や、葛西氏の『飛躍への挑戦』に詳しく書かれているとおり、ＪＲ東日本の首脳人事は当初、杉浦社長―井手副社長を軸に進められていた。ところが、１９８７年４月の会社発足を前にして、監理委メンバーでもあった住田正二元運輸事務次官（１９４７年入省）がＪＲ東日本社長に内定、杉浦氏は国鉄清算事業団理事長に、井手氏はＪＲ西日本副社長になることが決まった。井手氏に代わって、地元のＪＲ北海道に行く予定だった松田氏がＪＲ東日本常務に就任する。国鉄キャリア（省庁の旧上級職に相当する本社採用）嫌いで知られた住田氏がＪＲ東日本社長になることは、「ＪＲ東日本ハブ会社」構想の頓挫を意味していた。

なぜ、当初の人事構想が覆ったのか、これまでいろいろな主張が行われてきた。そのなかで一番真実に近いと思われるのが、葛西氏が『飛躍への挑戦』に記した次のような見方である。

> ＪＲ東日本に法律の建前と背違する経営資源集中が行われたのはまずかったと思う。国鉄内部ではごく少数による極秘の了解事項として進められていたのかもしれないが、カウンターパートである運輸省の国鉄再建推進本部からはすべてみえていた。

「ＪＲ東日本ハブ会社」構想が実現していれば、独立採算が可能なレベルまで国鉄債務の大半を国に付け替えたうえで、事実上、旧経営陣に代わって改革派が後継事業体を一体として支配することになったであろう。これでは改革派国鉄キャリアの「焼け太り」であり、そのようなことは許さないという運輸省、そして中曽根政権の意向がＪＲ東日本のトップ人事に反映され、「最終意見」の提言どおり、全国1社体制は実質的にも解体されることになった。新会社発足後、1991年に既設新幹線のインフラを一括して保有し本州3社に貸し付けて運行させる特殊法人・新幹線鉄道保有機構（以下、「保有機構」）が解体、新幹線施設が3社に譲渡され、分割前には想定されていなかった早期上場が実現、JR旅客輸送量の9割以上を占める本州3社は、「JR」という名称をともにするだけの完全に別個の民間企業として、それぞれ独自の道を歩んでいく。

それでも、部分的に当初の全国一体運営構想を実現しようとするかのように、井手氏は新体制になってから、JR九州とJR四国をJR西日本の傘下に入るよう打診したものの、2社に断られたことを2022年のインタビュー（『産経新聞』2022年10月6日付朝刊）で明らかにしている。

監理委は「最終意見」で、鉄道が郵便、電話、電力など国民すべてに提供されねばならないユニバーサルサービスであることを否定し、「シビルミニマムとしての輸送サービスについては、基本的には輸送需要に応じた最も効率の良い交通機関により確保されるべきものである」と明言している。鉄道に特性のない分野からの撤退、それは国鉄長年の悲願でもあった。

鉄道天動説を完全に捨て去り、都市間および都市圏の旅客輸送という鉄道特性を発揮し得る分野の基幹的交通機関として再生することを目指したのが国鉄改革であり、分割はその手段であって、目的ではない。1987年の旅客と貨物の分離および旅客会社地域分割ですべて終わったわけではないのだ。鉄道としての特性を発揮できないローカル線と実質的には大赤字の貨物輸送の抜本的解決は先送りされたままであり、高度成長期の亡霊である整備新幹線建設も止まらない。30年以上経った今も、国鉄改革は未完である。

第2章

都市「圏」輸送に鉄道の強みがある

―1日の移動時間と列車運行の関係

鉄道旅客輸送はコロナ禍で最も大きな打撃を受けた産業の1つであり、いまだコロナ前に比べ低い輸送量を余儀なくされている。

今後、鉄道利用がどうなっていくのか、現段階で確たることはいえない。ただし、人口減少に伴う長期低落傾向はいかんともしがたいにせよ、2千年にわたる人類の歴史からいって、テレワークが普及するにしても、通勤需要はかなりの程度期待できる。一方、コロナ禍による怪我の功名とでもいうべきか、出張して直接会わなくてもビジネスに支障がないことが明らかになったので、ビジネス需要に依存する東海道新幹線の将来は、これまで考えられていたほどバラ色ではないであろう。

移動は1日1時間

イタリアの物理学者チェーザレ・マルケッティによれば、有史以来、古代ローマを含め、都市の規模は中心から半径2・5キロがせいぜいであった。19世紀に入って、交通手段が発達するにつれ、都市の規模が爆発的に拡大する。しかし、都市規模拡大にもかかわらず、ローマ時代も今日も変わらないものがある。それは、人間が1日24時間のうち、移動に使う時間が1時間程度だということである（*Technological Forecasting and Social Change* 47巻，75-88頁，1994年）。

実際、今日の勤労者の平日の移動すなわち自宅と職場の行き帰りに費やす時間は、平均して片道30分、往復1時間前後というのが、世界中の都市でみられるパターンである。英運輸省の諮問委員会（SACTRA）も、1994年に公表した報告書（Trunk Roads and the Generation of Traffic）で、通勤時間は6世紀にわたって安定していると指摘している。交通手段の発達でスピードが向上するのに比例して移動距離が伸びたため、移動距離÷スピードである移動時間は変わらなかった。都市の規模はスピードに比例して拡大してきたといってもよい。

人間の移動に関しては、「移動時間予算」（travel time budget）という魅力的アイデアがある。人間の1日当たりの平均移動時間が時代や文化を問わず、比較的安定しているのはなぜか。この考え方によれば、人間には移動に使ってもよい、あるいは使いたい一定の時間があり、その時間からの乖離を最小化しようとする。つまり予算を超過すれば移動時間を減らし、余れば増やそうとする。要するに、移動にかける時間には予算があり、人間はその範囲で時間配分を工面するということである。おカネではなく時間の会計である。

とくに、1日移動1時間というパターンは「マルケッティ定数」(Marchetti's constant) と名付けられている。時代と場所を超えて、それぞれの人間社会に属する個々人の移動時間予算はまちまちであっても、社会全体で平均すれば1人当たり移動時間の平均が1時間になるということである。

なぜそうなのかについては活発な議論が今も続いているけれど、理由はともあれ、先進国か途上国かを問わず、世界中でみられる現象である。英運輸省の元主任研究官 (Chief Scientist) を務めたロンドン大学のデービッド・メッツ教授が指摘しているように、「我々はそれぞれ平均して1日1時間を移動に費やす。これは移動時間が何世紀経っても変わらなかったことを意味する。より速いスピードを可能にする交通体系や技術の改良は、移動時間を減らすのではなく、より遠くへ連れて行くこととなった」(Metz, *Travel fast or smart?*, London Publishing Partnership, 2016年)。

日本も例外ではない。平安京も東西南北それぞれ4~5キロ (実際には西側は未開発)、したがって中心から端まで2~3キロとなり、歩いて片道30分、往復1時間程度の距離であった。そして、今日の日本においても、この1日の移動時間のパターンは保たれているのである。

NHKが5年ごとに行っている「国民生活時間調査」には、通勤時間に関する項目がある。最新の調査は2020年に行われたけれども、コロナ禍の最中なのでデータが異常値になっている可能性があるため、前回の2015年の調査結果と合わせて示したのが図表2・1である (一部筆者推計)。標本数も2015年の11千人に対し、2020年は4千人と半分以下なので、以下、より精度が高いと思われる2015年の数値を用いて議論する。

全国平均は40分となっているけれども、これは世界でも突出した都市圏である東京 (首都) 圏を含んだものであり、東京圏を除くと36分となる。圏域人口でいえば、東京は3千万人を超え、大阪のみならず、先進国屈指の大都市圏であるニューヨーク、ロンドン、パリのほぼ2倍の規模であり、世界的にも例外的存在である。ただし、日本人の大半、4分の3は東京圏以外に、5分の3は東京・大阪（関西）圏以外に住んでいるのだ。

図表2・1　平日片道通勤時間

(単位：分)	2015年	2020年
全国平均	40	41
東京圏	51	50
大阪圏	43	48
30万人以上の市	35	37
10～30万人の市	36	39
5～10万人の市町村	36	36
5万人未満の市町村	34	33
東京圏を除く平均	36	38
東京・大阪圏を除く平均	35	36

東京圏を除くと、大阪圏の43分はやや長いものの、30万人以上の市が35分、10～30万人の市が36分、5～10万人の市町村が36分、5万人未満の市町村が34分と、人口規模の相違にもかかわらず、驚くほど数値が安定している。日本でも東京圏と大阪圏を除き、都市規模にかかわらず、1日片道30分往復1時間というパターンは、ほぼ保たれているといってよいだろう。

この平均通勤時間が片道約30分という事実は、今日の日本の鉄道のあり方、国鉄改革、そしてコロナ後の鉄道利用とも深く関係している。

「福井定数」：JR15キロ法則

日本の鉄道政策は、明治以来、全国ネットワークの国有鉄道（戦前は鉄道省、戦後は国鉄）が中長距離輸送を担い、地域完結の短距離輸送は私鉄（地方鉄道）が担う二元体制となっていた。国鉄は地方路線の普通列車も、比較的長い距離を走らせるのが通例であった。

ところが、国鉄改革で分割されＪＲ体制となって以来、国鉄末期に始まった新しい動きが加速され、ＪＲの列車運行体系は大きく変化する。これこそ、国鉄からＪＲ体制になって、地域密着経営が浸透し鉄道が再生した、まさに国鉄改革の狙いが実現した好例である。

図表２・２　新潟市周辺ＪＲ路線図

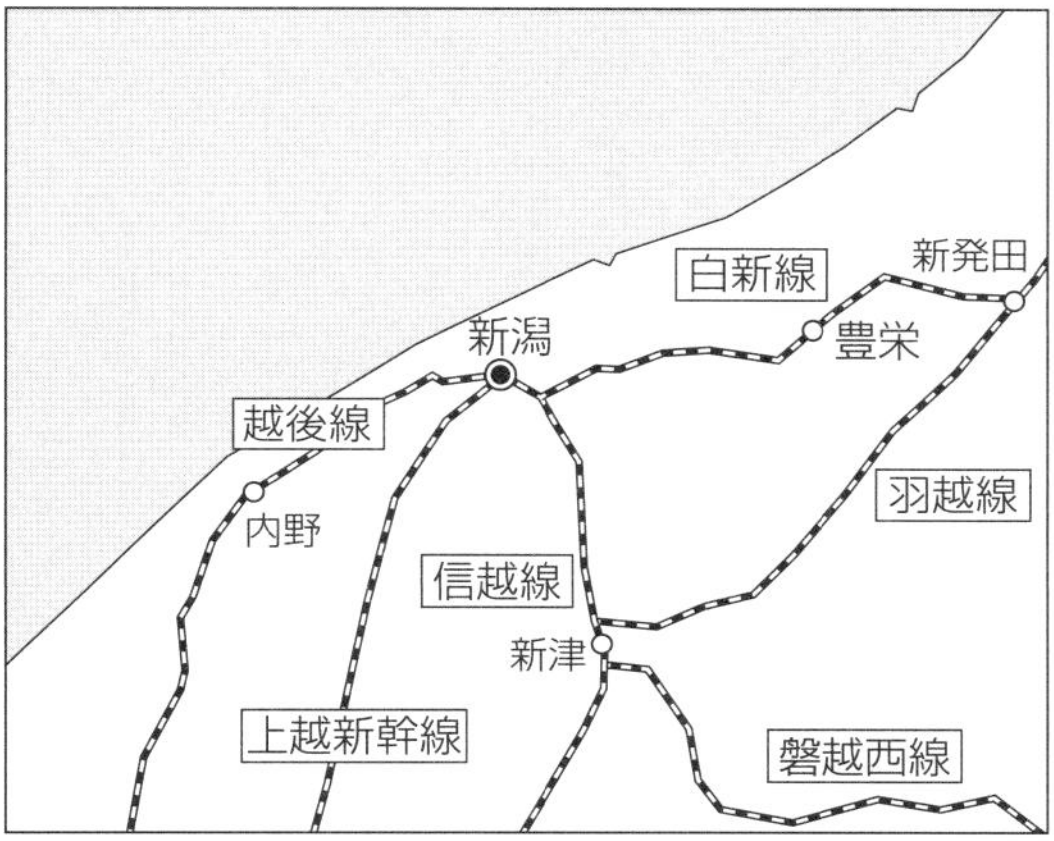

図表２・２をご覧いただきたい。これは地方大都市（政令指定都市）の１つである新潟市周辺のＪＲ路線図である。北側が日本海に面した新潟都市圏では、新潟駅を中心にして西に越後線、南に信越線、東に白新線が放射線状に広がっている。

この３路線の列車ダイヤをみれば、国鉄時代とは違った、今日のＪＲの列車運行の考え方が明瞭に浮かび上がる。越後線は新潟から13・5キロに位置する内野、信越線は15・2キロの新津、そして白新線は15・0キロの豊栄までしか行かない（および逆方向の）列車が多数設定されている。越後線の場合、全列車の半分ほどが内野止まりである。

この中心駅から15キロあたりの駅までしか運行しないというのは偶然ではない。JR地方路線で15キロ普通列車に乗ると、だいたい20～25分ほどかかる。自宅から最寄駅まで10分、列車に20～25分乗って降りた後、目的地まで10分とすれば、合計40～45分となる。前節で示したように、東京・大阪圏を除けば、人口規模にかかわらず片道平均通勤時間は35分程度なので、平均に10分足した（平均より3割長い）45分、往復1時間半を超える通勤者はそれほどいないであろう。

したがって、1日移動往復1時間という世界的に広くみられる人間の移動パターンの下では、中心駅から15キロ前後というのが、一部の遠距離通勤者を除き、鉄道通勤限界と考えることができる。

JR体制になってから、東京・大阪圏以外の都市圏の中心駅から15キロ、長くてもせいぜい20キロ程度に位置する駅止まりの列車が新たに設定、あるいは大幅に増発されたのは、新潟に限らない。論より証拠、北から順番に確認していこう。

まず、北海道は、札幌から16・7キロの札沼線・あいの里公園、15・3キロの函館線・ほしみ、21・0キロの函館線・江別。

東北は、仙台から16・7キロ―始発駅あおば通からは17・2キロ―の仙石線・東塩釜、15・2キロの仙山線・愛子、17・6キロの東北線・岩沼。

中部は、静岡から15・9キロの東海道線・興津、若干遠いけれども―主要幹線ゆえ各停でも最速列車は26分で運転―27・6キロの東海道線・島田。

中国は、広島から18・6キロの可部線・あき亀山、12・1キロの山陽線・五日市、11・6キロの呉線・坂、14・2キロの芸備線・下深川。

四国は、松山から17・5キロの予讃線・伊予北条、11・6キロの予讃線・伊予市。

九州は、大分から11・7キロの豊肥線・中判田、13・8キロの久大線・向之原、18・0キロの日豊線・亀川、18・9キロの日豊線・幸崎。

東京、大阪に次ぐ日本第3の都市圏である名古屋も、中央線の列車ダイヤをみると、若干遠くなるけれども、多くが名古屋から24・0キロ、約30分の高蔵寺までしか運行されていない。

名古屋に次ぐ第4の都市圏である福岡も、博多から12・1キロの篠栗線・篠栗、22・5キロの筑肥線・筑前前原、21・6キロの鹿児島線・福間、14・2キロの鹿児島線・二日市止まりが多い。

なお、こうした短距離運行列車は朝夕の通勤（通学）時間帯だけに設定されているわけではない。通勤以外の日中の移動、たとえば都心への買い物などについても、通勤の場合と同様、人々は移動時間予算の範囲でやり繰りしているのである。

ここで挙げなかった同様の事例も含め、国鉄時代には、こうした地方都市圏の中心駅から短距離だけ運行する普通列車は全く設定されていないか、あっても本数が少なかった。国鉄改革に沿い地域密着経営を目指したJR各社は、おそらく知らず知らずのうちに、人類普遍の1日移動1時間というマルケッティ定数に対応するかたちで、列車運行体系を転換していったのである。

その結果、モータリゼーションの進展で鉄道離れが著しい地方でも、輸送密度（1日1キロ当たり乗客数）でみて、コロナ禍まで都市圏輸送は比較的堅調であった。たとえば、かつては新潟と秋田を結ぶ特急列車のバイパス線の性格が強かった白新線は特急輸送量が大幅に減少し、白新線と新発田で接続する羽越線の輸送密度は30年間で3分の1になった。にもかかわらず、白新線は都市通勤路線に変貌したおかげで、2019年度の輸送密度は国鉄最後の年（1986年度）より多かった。

以上、北は北海道から南は九州まで、1日移動1時間の移動時間予算に対応した、JR15キロ法則、名付けて「福井定数」が存在することがおわかりいただけたと思う。

コロナ後の鉄道利用

今後、都市圏輸送は元の水準に戻るのだろうか。ここでカギになるのは、人間には移動に使ってもよい、あるいは使いたい一定の時間があるという移動時間予算の考え方である。要するに一定時間、具体的には1日1時間程度までの移動はコストではなく、経済学風にいうと不効用をもたらさない。むしろ、人間は一定時間の範囲なら、よろこんで移動するのだ。

したがって、列車が異常に混雑していない限り、たとえ在宅勤務が技術的に可能になっても、人々はむしろ週に何回かは通勤したいであろう。実際、通信販売でなんでも買えるのに、コロナ禍のなかでも、わざわざ買い物に出かけたのは、人間が移動したい生き物であることを示している。

それゆえ、通勤通学利用者を主体とする都市圏輸送は、人口減少による長期低落傾向はいかんともしがたいけれど、今後も堅調に推移するであろう。ただし、在宅勤務の普及により1週間当たりの利用回数は減少する。とくに通勤時間が移動時間予算を超えて慢性的赤字になっている東京圏では、在宅勤務普及の影響はより大きいであろうし、職場が住居に近づくかたちでのオフィス分散で平均通勤距離が短くなることも考えられる。

都市間輸送については、旅行需要とビジネス需要を分けて考える必要がある。旅行需要に関しては、コロナ禍は一時的ショックにすぎず、終息すればコロナ前の水準に戻るであろう。一方、ビジネス需要に関しては、わざわざ生身の人間が集まらなくても、オンラインで十分こなせる会議がいかに多いかということが、コロナ禍で明らかになった。出張をはじめビジネスに関する移動時間はコストであり、企業は可能な限り節約しようとする。したがって、ビジネス需要に大きく依存する東海道新幹線輸送量がコロナ前の水準を回復することは難しいであろう。

移動時間予算の考え方は、今後の設備投資のあり方にも再考を促す。運賃料金だけでは採算が合わない整備新幹線をはじめとする鉄道新線投資を進める場合、時間短縮がもたらすメリット（効用）を加算すれば、国民経済全体で考えれば「ペイする」として、税金投入が正当化されるのが常となっている。

しかし、メッツ教授が指摘しているように、スピードアップが移動時間短縮につながらず、移動距離伸長をもたらすだけだとすれば、鉄道や他の交通関連公共投資の正当化に使われる時間短縮効果を織り込んだ費用便益計算には大きな疑問符が付く。ビジネスではなく、移動も楽しみの大きな要素である観光需要の割合が大きい路線の場合はとくにそうである。たとえば、新幹線開通でスピードが3倍になったら、これまでの3倍の距離のところに旅に出るだけで、移動に費やす時間は変わらないということである。税金投入の前提が根底から揺らぐといってよい。

いずれにせよ、移動時間予算という発想には、旅客鉄道輸送に限らず、人間の移動を考えるうえで、十分考慮を払うべきであろう。

第3章

旅客輸送量データが当てにならない

―「史上最高」の陰に数字のトリック

利用できるデータが爆発的に増加しても、人間の脳の処理能力は昔のままである。そこに登場したのがＡＩであり、計算機の処理能力向上を背景に、昨今、あたかもデータ分析の万能薬のように喧伝されている。しかしながら、そもそもデータは十分に提供されているのだろうか。有価証券報告書をみても、最近はどうでもよい些末なデータまで、実に広範に開示されているようにみえる。しかし、意外に大事な情報が欠けていることがある。論より証拠をモットーとする筆者にとって、鉄道について議論する際、いつも頭を悩ませるのが、大事なデータが手に入らないことなのだ。

鉄道のシェアが激増？

まず、企業データより前に、政府が公開している旅客輸送に関するデータから始める。

鉄道に関する議論は、研究者を含めたいわゆる有識者の主張も、つまるところ鉄道ファンの視点からなされることが多い。一種の鉄道天動説である。しかし、当たり前のことながら、鉄道は数多くある輸送手段の1つにすぎず、常に輸送全体のなかでの鉄道という視点が重要である。

第2章で「移動時間予算」を論じた際に言及したメッツ教授も指摘しているように、これまでモータリゼーションの進展で右肩上がりに増えてきた自家用車利用が、近年、先進国では頭打ちになっている。いわゆる「ピークカー」（peak car）現象である。メッツ教授によれば、英国ではドライバーあるいは同乗者としての利用を合わせて、年間1人当たりの利用距離が4千マイル（6・4千キロ）で安定しており、欧州最大の都市圏であるロンドンでは、自家用車利用がピークを過ぎて減少する一方、逆に鉄道利用が増加している（*Travel Fast or Smart?*）。

ただし、マイカー利用が頭打ちになったとはいえ、先進国における輸送の主役は今後も自動車であり続けるであろう。いずれにせよ、今後の交通体系がいかにあるべきか考えていくうえで、旅客輸送量の輸送機関別シェアが基礎中の基礎データであることは論を俟たない。

各国の鉄道や自動車のシェアは具体的にどの程度なのか。手元に、一見それを知るのに好都合な刊行物がある。国土交通省（国交省）鉄道局監修で毎年出版される『数字でみる鉄道』である。最新版（2022年版）には、2019年度の日本、英国、ドイツ、フランスおよび米国における輸送機関別の旅客輸送量（人キロ）とシェアが掲載されている。輸送機関の定義が各国で若干違っているけれども、

図表3・1　輸送機関別旅客輸送量シェア

	1960	1990	2003	2009	2010	2019 年度
自家用車	3%	56%	60%	58%	－	－
バス・タクシー	20%	10%	7%	7%	14%	11%
鉄道	76%	30%	27%	29%	72%	73%
航空	0.3%	4%	6%	5%	13%	16%
旅客船	1%	0.5%	0.3%	0.2%	0.5%	0.5%
輸送量計（億人キロ）	2,433	12,984	14,266	13,708	5,479	5,983

日本を除き、自動車が全輸送量の8割前後を占めている。ただし、ここに記載されたドイツの航空輸送量は国際線（の一部）輸送量を含んでおり、日本を含め他国が国内輸送量だけであるのと平仄が合っていない。資料として挙げられているドイツの公式交通統計集（*Verkehr in Zahlen*）を直接確認したところ、国内輸送量も載っていた。

では日本の自動車シェアはどうなっているのか。なんと日本の乗用車のシェアはわずか1％（！）、バスを加えても11％しかない。一体、これはどういうことなのか。

図表3・1をご覧いただきたい。国交省公表データと国交省監修の『交通経済統計要覧』に基づき、筆者が作成した日本の旅客輸送量計と輸送機関別シェアの時系列である。1960年度には2、433億人キロだった旅客輸送量は、30年後の1990年度には5倍増の12、984億人キロとなった。その増加の大半はマイカー利用の激増によるもので、この間、わずか3％だった自家用車のシェアは56％まで増加した。しかし、その後、日本も「ピークカー」の時代を迎えると同時に、全体の輸送量も横ばいとなり、2003年度に史上最高値14、266億人キロに達したものの、その後は微減で2009年度の輸送量は13、708億人キロであった。機関別シェアも自家用

車6割、鉄道3割で安定的に推移していた。

ところが、2010年に日本の旅客輸送量は、前年の半分にも満たない5、479億人キロに「激減」する。実はこの年から自家用車輸送量が調査対象から除外されたのだ。そのため、2010年度以降、国交省は自家用車利用抜きのデータを日本の旅客輸送量として公表している。その結果、鉄道のシェアは2010年度以降、日本ではまだマイカーが一部の贅沢品だった1960年度と同様、7割に跳ね上がった。

一国の輸送量データから自家用車利用を除外するというのは、暴挙というしかない。日本政府は、2014年に「公的統計が『証拠に基づく政策立案』(evidence-based policy making)や学術研究又は産業創出により一層貢献するため」、新たな「公的統計の整備に関する基本的な計画」を決定したと高らかに宣言している(総務省ウェブサイト)。また、2022年の「経済財政運営と改革の基本方針」でも、「EBPMの徹底強化」を謳い、「EBPMの取組を強化するため、エビデンスによって効果が裏付けられた政策やエビデンスを構築するためのデータ収集等に予算を重点化する」と明記している。ウェブサイトでも「総合的な交通体系」を強調している国交省は、今日の旅客輸送の主役である自家用車を除外した輸送データで、「証拠に基づく政策立案」が可能と本気で考えているのだろうか。確度の高い推計ができないというのは言いわけにならない。多くのマクロ経済データの推計は、自家用車輸送量の推計より精度が高いとも思えないし、何より他国は、2009年度までの日本と同様、自家用車込みのデータを公表し続けているのである。

政府は「証拠に基づく政策立案」とかビッグデータについて云々する前に、自家用車を含む輸送機関別の輸送量シェアという基礎的データの公表を、まず再開してもらいたいものである。といっても、現実には期待できないので、**第4章**で示すとおり、筆者が推計した。

私鉄は輸送人キロがお嫌い？

ここまで輸送量として、輸送人キロデータを用いてきた。他によく使われる輸送指標として、輸送人員がある。要するに利用者の延べ人数であり、わかりやすい数値ではある。しかし、輸送人員は利用距離を考慮しないので、たとえば、東京駅から御茶ノ水駅まで中央線を2・6キロ利用した乗客と、東京駅から新大阪駅まで東海道新幹線を552・6キロ利用した乗客が1人ずついた場合、輸送人員は2人となる。それに対し、輸送人キロは利用距離を掛けて計算するので、東京・御茶ノ水の乗客は2・6人キロ、東京・新大阪の乗客は552・6人キロとなり、合わせて輸送人キロは555・2人キロとなる。

輸送を考えるにあたっては、利用回数のみならず利用距離も重要であることはいうまでもない。したがって、利用回数の単純集計である輸送人員より、利用距離を考慮した輸送人キロのほうが、輸送データとして望ましいのは明らかである。実は、相互乗入れが行われている場合、事業者ごとに1人とカウントされるので、厳密には単純集計ともいえない。たとえば、東京メトロ・表参道駅から東急・三軒茶屋駅まで直通列車に乗れば、同じ乗客が東京メトロ（表参道・渋谷間）で1人、東急（渋谷・三軒茶屋間）で1人と別々に数えられる。

経営上も、短距離利用の場合を除き（初乗り運賃という下限があるため、一定距離までは同額）、運賃は原則として利用距離に比例しているので、何人乗ったかだけではなく、何人が何キロ乗ったかがより重要である。

また、鉄道路線の利用度を示す最重要指標であり、ローカル線を廃止するか否かの判断基準にも用いられる輸送密度も、輸送人キロを用いて計算される。輸送密度とは、1日当たり輸送人キロを路線営業キロで割ったもの、すなわち路線1キロ1日当たりの乗客数である。国鉄末期、この数値が4千人に満たないものは、原則として廃止対象となり、実際、その多くが廃止された。また、原則として輸送密度8千人を基準に幹線と地方交通線の区別（市販時刻表の路線図では、幹線は黒、地方交通線は青で表示）が導入され、後者は運賃が1割増しとなり、今もこの区別が続いている。

このように、鉄道経営上も国の交通政策上も極めて重要なデータであるにもかかわらず、なぜか日本の大手私鉄（民鉄）は、決算短信（同時に公表される説明資料も含む）や有価証券報告書で輸送人員を明らかにするのみで、輸送人キロのタイムリーな開示を行っていない。ここで「タイムリー」という形容詞を付したのは、国交省が公表している『鉄道統計年報』には各社の定期・定期外別輸送人キロが含まれており、開示されないわけではないからである。しかし、この統計は2年遅れでしか公表されず、本書執筆時点での最新数値は２０２０年度のもの。ただし、定期・定期外の内訳なしの各社輸送人キロは、決算発表から半年ほど遅れて毎年11月前後に出る日本民営鉄道協会（民鉄協）発行の『大手民鉄の素顔』に掲載される。大手民鉄とは、東武・西武・京成・京王・小田急・東急・京急・東京メトロ・相鉄・名鉄・近鉄・南海・京阪・阪急・阪神・西鉄の16社である。

ＪＲ各社は、上場・非上場を問わず、決算発表時に定期・定期外のみならず、新幹線・在来線別、また、ＪＲ東日本と西日本は、在来線をさらに関東圏あるいは近畿圏とその他に分けて開示している。実は大手私鉄も以前は輸送人キロを有価証券報告書で開示していた（決算短信で開示していたか否かは、入手できなかったので不明）。たとえば、東急は定期・定期外別に１９８４年度決算まで開示していた。

ＪＲ各社が決算発表時に開示していることからわかるとおり、輸送人キロデータの集計に時間がかかるわけではない。そもそも、大手私鉄は、輸送人キロのデータがないと計算できない乗車効率（＝輸送人キロ÷（客車走行キロ×平均定員））は、決算発表時に開示している。にもかかわらず、輸送人キロを教えてくれないのはどうしてなのだろうか。

大手私鉄は、輸送量を語る際、輸送人キロを意図的に避けているようにも思える。コロナ禍直前の２０１９年10月に発行された『大手民鉄の素顔』２０１９年版には、その時点で最新だった２０１８年度輸送状況として、１９８７年度から２０１８年度までの輸送人員のグラフとともに、こう記されている。

２０１８年度の大手民鉄16社の輸送人員は…１０５億1千3百万人…となり…過去最高を記録しました。

バブル崩壊による景気低迷、少子・高齢化に伴う沿線人口の減少などの影響を受け、１９９１年度をピークに長期にわたり減少を続けた輸送人員は２００４年度に底を打ち…２０１２年度以降は、景気回復に伴い輸送需要も拡大する一方、訪日外国人旅行者の輸送需要も加わり、輸送人員は４年連続で

100億人を超えました。

要するに大手私鉄輸送量は「バブル」期のピークから、一旦、落ち込んだものの、21世紀初めに底を打ち、2018年度は史上最高の輸送量を記録したという、一種のサクセスストーリーが展開されている。ただし、輸送人キロについては、データ自体は冒頭の「大手民鉄の現況（単体）」と記された総括表に記載されているものの、輸送状況を議論するにあたり、全く言及されていない。

輸送人キロと輸送人員には、「輸送人キロ＝輸送人員×平均乗車キロ」の関係があるので、利用者の平均乗車キロが一定であれば、輸送人キロは輸送人員の一定倍となり、あえて、輸送人キロに言及する必要はないかもしれない。しかし、短期はともかく長期では平均乗車キロが一定とは限らず、輸送人キロと輸送人員の時系列の変動は、異なった傾向を示し得る。

実際、大手私鉄の両者の長期時系列の様相はかなり異なる。図表３・２は、『大手民鉄の素顔』がピークとする１９９１年度、底とする２００４年度、そして「過去最高」の２０１８年度および２０１９年度の輸送人員、輸送人キロおよび平均乗車キロを示したものである。確かに、２０１８年度の輸送人員は『大手民鉄の素顔』が主張するように「過去最高を記録」した。しかし、２０１８年度の輸送人キロは1，２７６億人キロで、

図表３・２　大手私鉄16社輸送量

	1991	2004	2018	2019 年度
輸送人員（億人）	101.6	91.0	105.1	104.9
（1991＝100）	100	90	103	103
輸送人キロ（億人キロ）	1,289	1,158	1,276	1,268
（1991＝100）	100	90	99	98
平均乗車キロ	12.7	12.7	12.1	12.1

1991年度の1,289億人キロを若干下回っている。これは平均乗車キロが12・7キロから12・1キロに低下したためである。

なぜ平均乗車キロが低下したのか。それは、大手私鉄輸送量に占める東京メトロのシェアが増加したことによる。公営企業（国が発行済株式の53％、東京都が47％を保有）であるにもかかわらず、2004年度に民鉄協に加盟したので、東京メトロは2004年度以降、大手私鉄16社のうちの1社として扱われている。我々が通常イメージする私鉄とは異質な存在である東京メトロは、2019年度の数値でいえば、輸送人員で全16社合計の26％、輸送人キロで18％を占める、ダントツのトップ企業である。なお、データの連続性を無視する国交省と違い、民鉄協も筆者も、大手私鉄の数値に2003年度以前も遡って東京メトロの数値を加えているのでご心配なく。

16社に占める東京メトロのシェアは、1991年度は輸送人員が21％、輸送人キロが13％であった。当然ながら路線網がほぼ東京23区内で完結、とくに山手線の内側に集中しているため、東京メトロ利用者の平均乗車キロは短く、他15社平均の6割程度である。それゆえ、東京メトロのシェアが増加すると、16社全体の平均乗車キロは低下する。その結果、大手16社の2018・2019年度輸送人員が1991年度のピークを越えても、輸送人員に平均乗車キロを掛けた輸送人キロはそこまで戻っていないのだ。

さらに、輸送人員の回復自体も、主に東京メトロの利用者増がもたらしたものであり、図表3・3に示したように、東京メトロを除いた15社でみると、2018年度の輸送人員はピークの1991年度を100として97、輸送人キロに至っては94でしかない。15社だけでみても平均乗車キロは低下している。人口減少の影響は、都心から遠い郊外でより大きくなるので、通勤・通学利用者の平均乗車キロは低下する。全16社計で輸送量の6割を通勤・通学定期利用者に依存する大手私鉄にとって、コロナ前の段階で民鉄協が主張していたほど、その輸送状況はバラ色ではなかったのである。

図表3・3　東京メトロを除く大手私鉄15社輸送量

	1991	2004	2018	2019 年度
輸送人員（億人）	80.1	70.3	77.5	77.2
（1991＝100）	100	88	97	96
輸送人キロ（億人キロ）	1,127	994	1,054	1,045
（1991＝100）	100	88	94	93
平均乗車キロ	14.1	14.1	13.6	13.5

上場に向けてデータを隠すＪＲ貨物？

輸送について語る際、旅客だけでなく貨物を忘れるわけにはいかない。旅客の輸送人員・輸送人キロに相当するのが、貨物輸送トン数・輸送トンキロである。旅客について論じたのと同じことが貨物にも当てはまる。輸送トン数の場合、１トンの貨物を北海道から東京まで運んでも、千葉から東京まで運んでも、同じように１トンとカウントされる。輸送トン数に距離を掛けた輸送トンキロのほうが、指標として望ましいことはいうまでもない。

国交省も前述の『数字でみる鉄道』で、日英独仏米の輸送機関別の貨物輸送量を比較する際、輸送トン数ではなく輸送トンキロを用いている。旅客同様、貨物も２００９年度までの数値と２０１０年度以降の数値は連続しない。ただし、自家用車輸送量が除外されたわけではなく、推計手法の変更によるものであり、過去の数値改訂のための接続係数も公表されている。

伊藤直彦元ＪＲ貨物社長（１９６４年国鉄入社）は、２０１７年に出版した『鉄道貨物　再生、そして躍進』（日本経済新聞出版社）で「輸送分担率もあがってきた。一時は輸送トンキロで三％台まで落ちていたものが、現在では四・九％まで盛り返してきた」と主張している。しかし、この「上昇」は、２０１０年度以降の新しい推計方法によってトラック輸送量がそれまでよりも小さくなったことによる見せかけの現象である。推計方法変更を知っていながら、鉄道貨物の「再生」を正当化するため、連続性のない公表数値をそのまま使ったのか、知らずに本当に「再生」したと思っているのか、筆者には不明である。なお、旧推計方法に合わせて、第8章で筆者が再推計を行っている。

日本の貨物輸送トンキロの99％を占めるＪＲ貨物は、２０１６年4月の２０１５年度決算発表時に、連結決算を本格的に開始し、「将来の上場申請も可能なレベルの社内管理体制整備に取り組みます」としていた。ところが、これまでコンテナ・車扱別に輸送トン数と並んで輸送トンキロも決算発表時に公表してきたのに、２０１７年の２０１６年度決算発表時から輸送トンキロを開示するのをやめてしまった。大手私鉄同様、『鉄道統計年報』にはデータが記載されるし、決算発表から時間が経ってから更新されたホームページの会社概要には、コンテナ・車扱の内訳のない輸送トンキロが掲載されてはいる。旅客同様、貨物に関しても、輸送トン数と輸送トンキロの動向は異なることがある。たとえば、２０１６年度のＪＲ貨物輸送量に関しては、決算発表時に開示された輸送トン数は、前年度より16万トン増加し3，０９３万トンとなったものの、開示されなかった輸送トンキロは逆に2億トンキロ減少し２１０億トンキロになっている。上場を目指すのであれば、投資家にとってより重要な「悪い」情報こそなるべく早く開示すべきであろう。

大手私鉄もＪＲ貨物も、旅客輸送人キロを決算発表時に開示し続けるＪＲ旅客会社を見習って、輸送人キロ・トンキロをタイムリーに開示してほしいものである。加えて、第8章で詳しく議論するけれども、ＪＲ貨物は自前の線路を持たず、ＪＲ旅客会社等から線路を借りて貨物列車を運行しているため、自社経営にとって死活的重要性を持つはずの線路使用料の開示も２０１７年度を最後に、２０１８年度からやめてしまった。筆者が一度、ＪＲ貨物広報室に問い合わせたところ、開示しない方針とのこと。上場するうえで、投資家に知られてはまずい情報は出さないというのが、ＪＲ貨物と株主である国の方針ではないことを願いたい。

第2部 地域交通手段としての鉄道の限界

鉄道貨物 ● 鉄道の窮状

第3部
さらば鉄道貨物

第1部
未完の国鉄改革と
鉄道の窮状

A doctrine insulates the devout not only against the realities around them but also against their own selves.

Eric Hoffer

第4章 地域交通の主役は「鉄道やバス」ではなく「自家用車」でよい！

第5章 ローカル線の維持・廃止論
―利用者以外の負担を正当化するにも限度がある

第6章 どの路線に住むかで生じる不公平な運賃格差

第7章 インフラ老朽化に対処できない中小鉄道・整備新幹線

第4章

地域交通の主役は「鉄道やバス」ではなく「自家用車」でよい!

地域での交通は「公共」でなければいけないのか

第3章で述べたとおり、国は現在、政策遂行にあたり、ＥＢＰＭすなわち証拠に基づく政策立案を前面に掲げている。内閣府のウェブサイトによれば、「政策の企画をその場限りのエピソードに頼るのではなく、政策目的を明確化したうえで合理的根拠（エビデンス）に基づくものとすること」とある。

交通政策も当然そうであることが期待されるなか、国鉄分割から30年以上経ち、日本の人口が全体として減少する状況下で今後の地域交通がどうあるべきか、２０２０年1月29日、国交省の交通政策審議会地域公共交通部会が「中間とりまとめ」を公表した。

鉄道に関する議論は、ややもすれば鉄道天動説に陥りがちであるけれども、鉄道は本来、いくつもある輸送手段の1つとして、交通全体のなかで、そのあり方を考えなければならないし、鉄道を特別扱いする必要はないはずである。ところが、この「中間とりまとめ」を一読して、素朴な疑問が浮かんできた。

それは、地域での交通がなぜ公共でなければならないのかということである。この問いは、地域の交通の担い手を考えるうえで最も根源的な問いであるはず。そこで、なぜ公共でなければならないのか、データに基づいて考えてみたい。

移動は人間にとって不可欠な活動であり、どこに住み働くにせよ、「中間とりまとめ」冒頭にもあるように、「日常生活等に必要不可欠な交通手段の確保」が重要な政策課題であることに異論はない。しかし、そのために、なぜ地域公共交通が「豊かで暮らしやすい地域づくりや個性・活力のある地域の振興を図るうえで不可欠な基盤的サービス」として必要なのか、「中間とりまとめ」を読んでもわからなかった。そもそも、国交省や部会メンバーの間では、議論の余地のない常識ということなのかもしれない。

本当にそうだろうか。人間社会に不可欠なのは輸送という機能であって、それを担うのが公共すなわち乗合交通機関である必要はない。「乗合」とは、文字どおり不特定の人々が一緒に乗る鉄道やバスのような形態を示している。「公共」という言葉が使われると、なかなか面と向かって反対しにくいのが人情である。乗合交通に限らず、議論において、内容以前に表現で優位に立とうとするのは一種の常套手段ではある。

そのわかりやすい例は、米国の「愛国者法」と会計基準の「公正価値会計」である。米国政府は2001年9月11日の同時多発テロの直後、基本的人権を大幅に制限する法律を愛国者法（Patriot Act）と名付け、上下両院の圧倒的多数の賛成を得て成立させた。時価会計は公正価値会計と名付けられ、その推進論者によって、「時価が公正」というイメージでマーケティングされ、この表現が世界中で定着している。それぞれ、人権制限に反対するものや、時価会計に反対するものは、あたかも非愛国者であり、不公正価値論者であるかのような印象操作である。

ほとんどいない乗合交通の利用者

実際、移動手段としての乗合交通の重要性はどの程度のものなのか。なんとか数量的に把握すべく、審議会に集う有識者と違って、政府ウェブサイトや刊行物で公表されたデータにしかアクセスできないという制約の下で、四国および日本全体の陸上輸送量（輸送人キロ、輸送人員）の輸送機関別分担率を推計したのが図表４・１である。

現在、地域別データは運輸局を単位としたものしか公表されていない。四国を選んだのは、陸上旅客流動の域内完結性が高く、「中間とりまとめ」が主たるターゲットとしている「地方部」だけからなるエリアなので、そのデータは地域公共交通政策を考えるうえで、他地域データよりも参考になると考えたからである。同じように域内完結性が高い北海道の場合、札幌周辺という日本有数の大都市圏とそれ以外の地域に両極化しているので、合計値データで地域交通を語ることは困難である。その点、四国の場合は大都市もない代わり、極端に人口密度の低い地域もないので、合計値で議論することに一定の意味があろう。

コロナ禍の影響がまだ小さかった２０１９年度の全国シェアをみると、輸送人キロでは自家用車が63％なのに対し、バスが貸切も含め４％、タクシーは０・４％、鉄道が32％で、乗合交通は合わせて37％。輸送人員もほぼ同様で、自家用車が67％なのに対し、バスが５％、タクシーが１％、鉄道が27％で、乗合交通計は33％となっている。全国ベースでみれば、先進国では例をみない鉄道分担率の高さから、移動の３分の１を乗合交通が担っていることがわかる。

ところが、四国では、輸送人キロの分担率は自家用車89％に対し、バス５％、タクシー０・４％、鉄道５％を合わせて乗合交通は11％しかない。輸送人員では、自家用車94％に対し、バス１％、タクシー１％、鉄道３％を合わせて、乗合交通はわずか６％。バス・鉄道利用は県庁所在地やそれぞれの間の移動が占める割合が大きいので、

図表４・１　四国・全国　陸上輸送分担率

	四国		全国		
輸送人キロ	*2019*	*2009*	*2019*	*2009*	年度
自家用車	89%	84%	63%	63%	
バス	5%	10%	4%	6%	
うち乗合	2%	4%	3%	2%	
貸切	3%	5%	2%	3%	
タクシー	0.4%	1%	0.4%	0.8%	
鉄道	5%	5%	32%	30%	
輸送量計	324	319	13,447	12,925	億人キロ

輸送人員	*2019*	*2009*	*2019*	*2009*	年度
自家用車	94%	93%	67%	67%	
バス	1%	2%	5%	5%	
うち乗合	1%	2%	4%	5%	
貸切	0.2%	0.3%	0.3%	0.3%	
タクシー	1%	2%	1%	2%	
鉄道	3%	4%	27%	25%	
輸送量計	27	24	949	893	億人

それを除いた四国における移動に占める乗合交通の分担率は、輸送人キロでみるにせよ、輸送人員でみるにせよ、せいぜい1～2％といったところであろう。

比較対象として、２００９年度の数値も示したけれども、輸送量自体が増えるなか、全国ベースではほとんどシェアは動いていない。一方、四国では同じ期間、全国と同様に輸送量が増えたなかで、バス利用が激減し、自家用車のシェアがさらに上がったことがわかる。

四国の場合、県庁所在地や一部の都市を除き、もはや、移動手段は自家用車に限られる状況にあるといってよい。データでみる限り、移動が人間にとって不可欠ではあっても、それを実現する手段としての乗合交通は、ほぼ使命を終えた存在となっている。一定規模以上の都市圏を除けば、四国以外の地域でも事情は変わらない。

もちろん、このような状況は望ましくないので、自家用車利用を抑制し、乗合交通の利用を促進すべきという主張はあり得る。ところが、「中間とりまとめ」を読んでも、自家用車より乗合交通機関のほうが望ましいという説得力ある議論は提示されていない。

逆に、おそらくその意図に反し、「中間とりまとめ」は、自家用車利用の優位性を暗に認めている。乗合交通に付いてまわる問題である、乗り降りするところから目的地までのいわゆる「ラストマイル」に対処する必要性を唱えているけれども、そもそも自家用車を利用すれば、そんな問題は存在しない。しかも、「中間とりまとめ」が乗合交通のさらなる衰退を食い止めねばならないと考えている地域は、渋滞とも駐車場難とも無縁なのだ。

「中間とりまとめ」は「地域公共交通は地域の暮らしと産業に不可欠な基盤的サービスであるとの

認識を共有した上で…施策の整理を行った」とある。しかし、部会メンバーに共有された「認識」というのは、データに基づく客観的事実の認識ではなく、「信念」あるいは「信仰告白」といったほうがよいように思える。

ＥＢＰＭはどこへ

地域交通のごく一部にすぎない乗合交通のみ取り上げ、しかも、数量的議論はほとんどない。これは、国策として推進されている（ことになっている）ＥＢＰＭと整合性がとれているのだろうか。

先に述べたように、ＥＢＰＭは「証拠に基づく政策立案」であり、それには基礎的データの開示が必須である。地域公共交通に限らず、旅客輸送に関して議論する際、輸送機関別のシェアがどうなっているかは、現状を把握し、あるべき姿を描くうえで不可欠のデータである。ところが、**第３章**で指摘したとおり、国交省は現在、「輸送機関別輸送分担率」として、ナンセンスとしか言いようのないデータを開示している。**図表４・１**で２０１９年度との比較対象として２００９年度を選んだのは、国交省が、翌２０１０年度以降、国内旅客輸送量に関して、自家用車利用分を除外したデータしか公表しなくなったからである。

図表４・２は、国交省がウェブサイトで公開している２００９年度および２０１９年度の公表値と、筆者の２０１９年度修正値を示したものである。

国交省公表値によれば、輸送人キロでみると、自動車分担率が２００９年度の66％から２０１９年度には11％に激減する一方、鉄道分担率は29％から73％、航空も６％から16％に激増している。輸送人員も自動車が74％から19％に激減、鉄道が25％から81％に激増している。

しかし、自家用車利用を加えた修正値でみると、２０１９年度の輸送人キロのシェアは、自動車が63％、鉄道が30％、航空が7％、輸送人員のシェアは自動車が73％、鉄道が26％で、２００９年度分担率とほとんど変わらない。

いったい自家用車利用を含まない輸送分担率にどんな意味があるのだろうか。「中間とりまとめ」は「公共交通を地域の移動手段の中核と位置付け、その確保・充実を図る必要があると考えるべき」としている。そもそも、国交省は地域交通において、それが望ましいかどうかはともかく、自家用車利用から乗合交通への転移を推進している。

だとするならば、現状の自家用車と乗合交通の分担率がどうなっているのかというデータに基づき、どのような分担率が望ましいと考えるのか、ある程度の目安を示す必要があろう。それ以上に、「公共交通を地域の移動手段の中核と位置付け」るという発想自体に現実性があるのかどうかを判断する前提ともなる。ところが、

図表4・2　国内輸送分担率　公表値と修正値

	筆者修正値	国交省公表値		
輸送人キロ	*2019*	*2019*	*2009*	年度
自動車	63%	11%	66%	
鉄道	30%	73%	29%	
船舶	0.2%	0.5%	0.2%	
航空	7%	16%	6%	
輸送量計	14,423	5,983	13,708	億人キロ

	筆者修正値	国交省公表値		
輸送人員	*2019*	*2019*	*2009*	年度
自動車	73%	19%	74%	
鉄道	26%	81%	25%	
船舶	0.1%	0.3%	0.1%	
航空	0.1%	0.3%	0.1%	
輸送量計	951	312	895	億人

データ自体の公表が２００９年度を最後に行われていないのが現状なのである。

したがって、**図表４・１**の陸上輸送分担率の２０１９年度数値も筆者が推計したものである。２０１０年度以降、国交省が自家用車利用を含んだ分担率を公表していないのに、**図表４・１**でも**図表４・２**でも、なぜ、門外漢にすぎない筆者が推計できたのか。それは、自動車輸送統計年報の付表（３）「自家用軽貨物自動車及び自家用旅客自動車に係る輸送量」に推計値がひっそり（？）と開示されているからである。

ちなみに、**第３章**で指摘したとおり、自家用車利用を除外した国交省公表値が、毎年刊行される国交省鉄道局監修の『数字でみる鉄道』でも、欧米主要国との旅客輸送分担率「比較」に用いられているけれど、当然ながら、他国の数値には自家用車利用が含まれている。基礎中の基礎ともいうべき自家用車利用を含む分担率のデータを欠いても、地域交通に限らず旅客輸送のあるべき姿を描くことはできる。しかし、それがＥＢＰＭでないことだけは確かである。

地域交通政策は自家用車中心で

自家用車は、いつでもどこでも思いどおりに移動でき、ラストマイル問題もなく、プライバシーが尊重される点でも、乗合交通とは比較にならないほど優れている。渋滞や駐車場難と無縁の地域であればなおさらである。高邁な理想ではなく、データに基づいて判断する限り、自家用車が地域の移動手段の中核であり、今後も、現在すでに圧倒的なそのシェアはさらに増えていくだろう。とりわけ、交通をめぐる議論であまり指摘されないけれど、プライバシーの点で自家用車にまさる移動手段はな

図表４・３　年齢層別免許保有率（2022年）

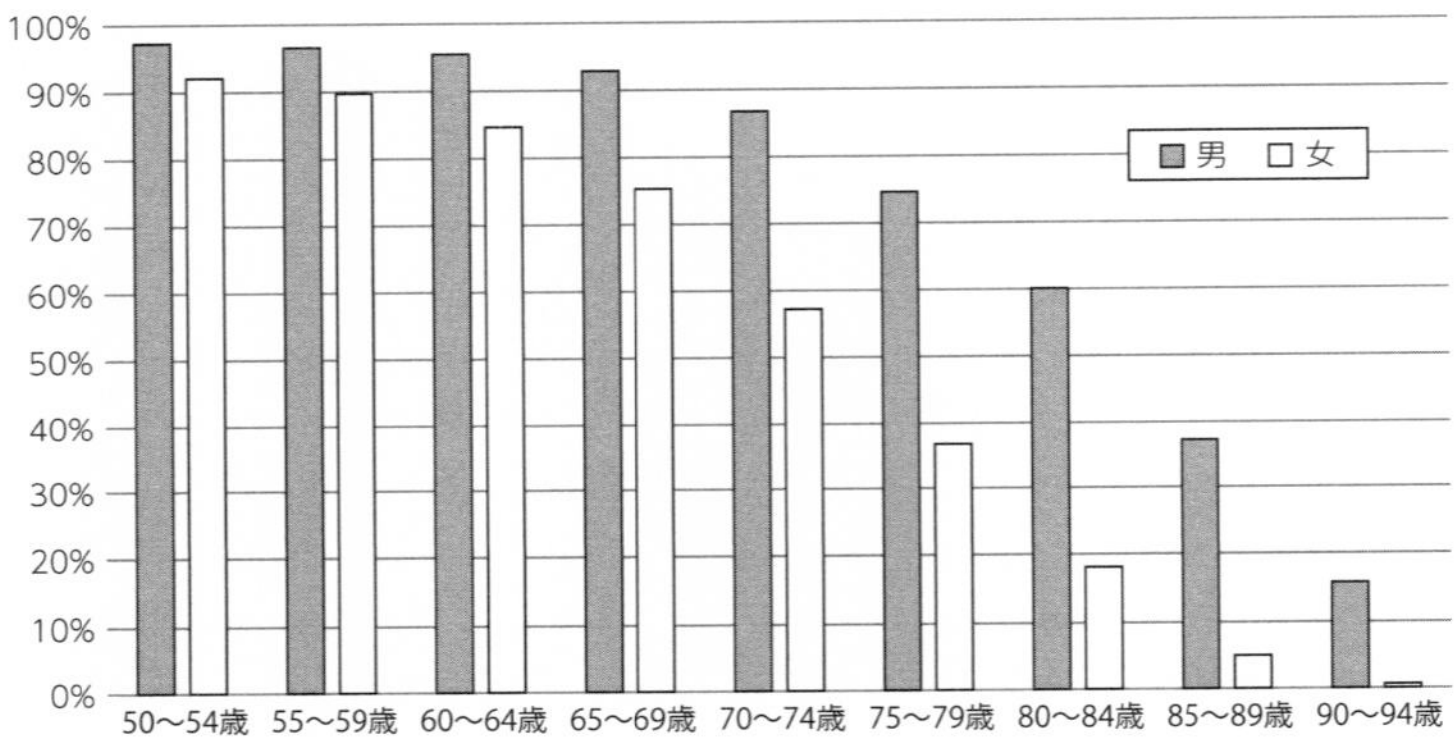

い。

図表４・３は２０２１年における50歳以上の年齢層別免許保有率である。50～54歳の免許保有率は男女とも１００％近くなっている。男性の場合、70～74歳でも保有率は９割近いけれども、女性は半分強にとどまっており、男女格差は高年齢に行くほど広がる。85～89歳でも男性の４割弱が免許を持っているのに対し、女性の免許保有者は数％しかいない。

この年齢層別データが示すのは、今後、女性高齢者に占める免許保有者の比率が飛躍的に増加するということである。現在、自分で運転できるおばあさんはまだ少数派ながら、おじいさんだけでなくおばあさんも自家用車を運転するのが当たり前になる時代が迫っているのだ。

自家用車が運転できれば、誰にも頼らず気軽に動ける範囲が劇的に広がる。男性並みの免許保有率は、女性の自立・解放の証しともいえる。田舎ではとくにそうである。男女を問わず、「自らの運転だけに頼らずに暮らせる社会の実現」など誰が望んでいるのか。

図表４・４　年齢層別免許保有者10万人当たり死亡事故件数

	2022年	2019年	2012年	減少率
16〜19歳	10.0	11.4	15.0	33%
20〜24歳	3.3	4.7	7.2	54%
25〜29歳	2.5	3.1	5.3	52%
30〜34歳	1.9	2.4	4.3	56%
35〜39歳	1.8	2.2	3.8	53%
40〜44歳	2.0	2.8	4.1	51%
45〜49歳	2.3	2.9	3.7	36%
50〜54歳	2.5	2.8	3.6	30%
55〜59歳	2.5	3.4	4.1	40%
60〜64歳	2.5	3.1	4.1	39%
65〜69歳	2.7	3.3	4.1	34%
70〜74歳	2.9	3.3	4.7	38%
75〜79歳	4.1	5.0	9.2	55%
80〜84歳	6.9	9.1	14.6	53%
85歳以上	10.3	11.6	17.0	39%
合計	2.8	3.4	4.8	43%

「中間とりまとめ」の「地方部における移動手段の確保については、将来的には、自動運転によるサービスの提供が効果的な対策の一つになる」という認識には全面的に賛成である。ただし、「対策の一つ」ではなく「ザ対策」であろう。

自家用車利用で懸念される最大の論点、それは「中間とりまとめ」でも「高齢者運転の問題の顕在化」として言及されている、高齢化による運転技術の低下がもたらす事故増加である。しかし、データが示すのは、メディアでの報道から受ける印象とは、かなり違った交通事故の現状である。

図表４・４は、事故を起こした運転者（第一当事者）の年齢層別免許保有者10万人当たりの（24時間以内）死亡事故件数を２０２２年と２０１２年で比較したものである。参考としてコロナ前の２０１９年の

データも掲載した。

この10年間、免許保有者当たりの死亡事故件数が全体で4・8件から43％減少して2・8件となるなか、高齢者の件数も同様に減少している。70～74歳の件数は4・7件から38％減少して2・9件となった。それより若い年齢層と同水準である。75～79歳も9・2件から55％減少して4・1件となり、10年前の働き盛りの世代と同水準。高齢者の事故件数が目立って増えるのは80歳を超えてからで、80～84歳は6・9件、85歳以上は10・3件となっている。それでも、16～19歳の10・0件と同程度（85歳以上）かそれより少ない（80～84歳）水準である。少なくとも、死亡事故件数でみる限り、高齢者の事故件数がとびぬけて多いとはいえない。

すでに自動運転の技術はかなりのところまで来ている。今後、さらに技術水準が向上し自動運転が普及すれば、高齢者に限らず、運転者の過失に起因する事故は大幅に減少するであろう。つまり、自家用車利用のデメリットは今後ますます小さくなる。

女性の免許保有が当たり前となり、加えて自動運転が視野に入った今、地域交通は、ある程度の利用者がいる路線バスや通学輸送のためのスクールバスを除き、利便性で明らかに劣るうえ財政負担が重くなる一方の乗合交通ではなく、ガソリン・スタンド維持など自家用車の利用支援を中心に政策を考えていくしかない。政策が証拠に基づくべきであるならば。

第5章

ローカル線の維持・廃止論
―利用者以外の負担を正当化するにも限度がある

動き始めたＪＲローカル線廃止の議論

多くのローカル線を抱えながら、これまで順調な経営を続けてきたＪＲ東日本・西日本もコロナ禍で輸送量が激減したことを契機に、ローカル線問題に本腰を入れて取り組み始めた。本州３社のなかで最も収益性の低いＪＲ西日本は先頭を切って、２０２２年４月11日「ローカル線に関する課題認識と情報開示について」と題して、全路線網の３割に相当する閑散線区１，３６０キロの収支を公表し、「線区によっては地域のお役に立てておらず、厳しいご利用状況となっています。特に今回お示ししている線区については、大量輸送という観点で鉄道の特性が十分に発揮できていないと考えており…鉄道の上下分離等を含めた地域旅客運送サービスの確保に関する議論や検討を幅広く行いたいと考えています」とした。2019年度の当該全路線の平均輸送密度は1日1キロ当たり651人でしかない。JR東日本も同様の認識に基づき、やはり全路線網の3割に相当する閑散路線2、218キロの収支データを2022年7月28日に公表した。こちらの2019年度平均輸送密度も709人で、JR西日本と同様の状況である。

一方、国交省は「鉄道事業者と地域の協働による地域モビリティの刷新に関する検討会」(以下、「検討会」)を立ち上げ、2022年7月25日に「地域の将来と利用者の視点に立ったローカル鉄道の在り方に関する提言」(以下、「検討会提言」)を公表した。

しかし、この「検討会提言」は、現状認識においても国鉄ローカル線対策の経緯の理解においても問題が多く、政治的圧力により本来の主張を貫けなかったのかもしれないけれど、今後の地域交通の再編を阻害しかねない内容となっている。以下、本来、国民の代表である政府(国交省)から委嘱された「検討会」が立脚すべき国民経済の観点から、「検討会提言」の問題点を具体的に指摘し、合わせて進むべき方向を提示する。なお、データは原則として公表されたものを用い、一部未公表のものは筆者が推計した。

データに基づかない現状認識

まず「検討会提言」は、「ローカル鉄道の危機的状況を放置すれば、地域の発展を阻害し、利用者に不便や不安を来し得る」として、次のように主張する。

各事業者においては、鉄道路線の維持に向け、自らの経営努力として、列車の減便や減車、優等列車の削減・廃止、駅の無人化等の経費削減策や、投資の抑制や先送り等により対応してきたが、その結果、公共交通としての利便性が大きく低下し、更なる利用者の逸走を招くという負のスパイラルを起こしている線区が出てきている。

しかし、交通政策審議会地域公共交通部会「中間とりまとめ」同様、「検討会提言」にはこの主張を支えるデータが示されていない。一般道路と高速道路が整備され、地方では一家に1台どころか複数の自家用車保有が当たり前となった今日、鉄道利用の激減は供給側ではなく、もっぱら需要側の要因によってもたらされているのである。列車減便は原因ではなく結果なのであって、第11章で示すように、輸送密度に比べ列車本数が相対的に一番多い、つまり利用者当たり列車頻度を高い水準で維持しているJR四国の輸送量減少が、全JR旅客会社のなかで最も大きいのである。

そもそも、公共交通というのは、第4章でも指摘したとおり、乗合交通ということであり、鉄道やバスという手段に公共性があるのではない。公共性があるとすれば、輸送という機能にあるのであって、特定の手段で提供することにあるのではない。公共性と効率性は対立するものではなく、公共性がある機能を確保するうえで、いかに効率的に行うかという視点が必要である。

したがって、公共（乗合）交通機関、とくに鉄道だけに議論を限定することは、鉄道ファンは別にして、意味をなさない。我々は移動を考える際、乗合交通機関だけに限定して考えることなどない。「鉄道は、自家用車を除く国内旅客輸送量のうち、人員ベースで約8割、人キロベースで約7割を占めており、大量輸送に適した公共交通機関として大変重要な役割を果たしている」という問題設定自体がおかしいのだ。自家用車利用を含めれば鉄道のシェアは3割程度であって、それも東京や大阪をはじめとする大都市を含んだ日本全体での数字である。「検討会提言」が対象とする地域で鉄道が重要かどうかを議論するのであれば、こうした地域でのシェアを提示するべきなのに、それはなされていない。第4章で四国を例に示したとおり、そのシェアがほとんどゼロに近いので、知られてはまずいということなのだろうか。

鉄道はすき間産業であり、ごく少数の鉄道ファン以外、第一の輸送手段である自家用車での移動コストが高い場合のみ利用される。ただし、自家用車利用のコスト（機会費用）は地域間で大きな差があるので、それを反映し、国民の鉄道利用には極端な地域差があり、高利用の地域と低利用の地域の差が激しい。たとえば、比較的鉄道利用者の多い県庁所在地を含めても四国における鉄道のシェアは数%でしかないのだ。廃止が議論されているような地域でのシェアは、自動車が運転できない高校生の通学利用を除けば、ほぼゼロである。

「成功例」は成功していない

「検討会提言」がローカル線活性化の成功例として挙げているものも、実際にデータをみてみると、到底成功とは言いがたい。たとえば、「総合的な利用促進策を実施したことで、利用者が平成21［2009］年度の238万人から令和元［2019］年度の322万人へと大幅に増加した」とするJR西日本姫新線（姫路～上月）の例である。実際に輸送量が比較的多いのは、姫路・播磨新宮間

（22・1キロ、2019年度輸送密度7、342人）で、国鉄分割直後の1987年度（6、854人）より若干増えている。一方、播磨新宮・上月間（28・8キロ、輸送密度932人）は全くの閑散路線で、1987年度（2、389人）の4割の水準にまで落ち込んでいる。

姫路に限らず、政令指定都市やそれに準ずる規模の都市の近郊路線は、国鉄分割の狙いであったJR各社の地域密着経営で利用者が増え、現在も比較的堅調であることは第2章で示したとおりである。一方、「検討会提言」が対象とするローカル線の典型ともいえる姫新線播磨新宮・上月間の現状は、「検討会提言」の主張とは逆に、需要要因で利用が減少している閑散路線の活性化などできないことを示しているともいえる。

また、LRT（次世代型路面電車）化によって「利便性が向上し、利用者も大幅に増加した」成功例として挙げられている富山地方鉄道（旧JR西日本）富山港線の例も、成功といえるか疑問である。2018年度の輸送密度3、270人は、国鉄最後の1986年度の4、379人より3割近く低い。1980年度の6、427人と比べれば半減である。この路線には並行して道路が整備されており、新たなLRT建設コストは国民経済全体の観点からは全くのムダだったということすらできる。

LRTに限らず、新線整備の「効果」を示すことは簡単であり、実際行われている。しかし、国や地方自治体が本来行うべきなのは、同じ金額を他の輸送手段あるいは医療や教育といった代替案に使った場合との比較である。いうまでもなく、どちらが儲かるかということではなく、どちらが地域住民の生活をより豊かなものにするかということである。

検討会の現状認識には、国交省交通政策審議会地域公共交通部会「中間とりまとめ」と全く同じ問題点が存する。議論の対象となっている地域ではほとんどプレゼンスのない鉄道という乗合交通のみ取り上げ、国策として推進されているはずのＥＢＰＭ（証拠に基づく政策立案）が十分に行われていないのである。

ローカル線廃止は国鉄の悲願

１９６０年代以降、日本でもモータリゼーションが進むなか、国鉄はローカル線について、どのように考え、いかなる対策を行ったのか。まず、財政悪化の大きな要因となったローカル線建設に国鉄自身は否定的であった。だからこそ、田中角栄蔵相主導で１９６４年に日本鉄道建設公団が設立され、国鉄は公団建設の新規ローカル線を押し付けられることとなったのである。

国鉄内外の反対を押し切って東海道新幹線建設を推進する一方、公団設置に反対していた十河信二国鉄総裁（1909年鉄道院入庁）は、後年、こう述べている。「オレが総裁だった三十年から三十八年［１９５５～１９６３年］まで、赤字は出さなかったぞ。赤字線は一本も作らなかったからな。赤字線建設用の予算は、みんな鉄道技術研究所と、在来線の電化に使うてやった」（『朝日新聞』１９８２年10月31日付朝刊）。

国鉄は、公団設立後も新線建設に抵抗し、経営状況がまだ比較的安定していた時代から、ローカル線廃止を進めようとしていた。しかし、国鉄は採算が合わないからローカル線を廃止しようとしたのではない。鉄道以外の輸送手段のほうが国民経済の観点から望ましいと考えたからである。「検討会提言」の考え方にも通底する、「国鉄は赤字線を撤去するまえに地方線の近代化、合理化にもっと努力すべきだ」という篠原武司公団副総裁（1930年鉄道省入省）の国鉄批判に、長瀬恒雄国鉄常務理事（1941年12月鉄道省入省）は「国鉄がローカル線を問題にしているのはその赤字額よりも、むしろ国民経済全体からみてほとんど利用者のいないローカル線を建設するのに、意味があるかどうかという点だ」と反論していた（『朝日新聞』1967年11月3日付朝刊）。

こうしたなか、1968年9月に原安三郎日本化薬社長を委員長とする国鉄諮問委員会（以下、「諮問委」）は、「『ローカル線の輸送をいかにするか』についての意見書」（以下、「意見書」）を石田禮助国鉄総裁（三井物産元代表取締役）に提出する。諮問委は次のような問題認識に立っていた。

> 沿線住民の国鉄に対する信頼や、その果たしつつ使命からみて、単に採算上の見地からのみローカル線を整理すべきであるとする考え方はとらない。ローカル線の問題について…高能率の交通網が形成されようとしている今日、国鉄の体質改善の一環として、いまこそ根本的かつ具体的に検討されるべきであり、従来から…いつも問題提起にとどまり、国民経済的観点を背景とする理論的、価値的検討が行われていないという認識に立ち、国鉄の断固たる決意を期待して、総合的観点に立って審議を行った。

半世紀以上前に提示されていた解決策

そのうえで、諮問委は1985年度までの収支予測を行い、国鉄財政の観点と国民経済の観点から、以下のように指摘する。

将来とも自立経営が可能と思われる約10、000粁を、第1グループとし、残りの約10、000粁を第2グループとして、それぞれの収支見通しを試算してみた。…第1グループの昭和60［1985］年度の収支をみると、徹底した合理化に努めれば…収支相償うことができる。しかるに、第2グループの昭和60年度の収支をみると、たとえ徹底的に合理化を行なったとしても…赤字額は雪だるま式に増加することになる。…第2グループの赤字の穴うめのために、第1グループの運賃が不当に高くなり、その結果、第1グループの競争力を著しく弱め、国民経済的観点からみても、交通市場における各輸送手段の役割をいたずらに混乱させる原因となる…

さらにローカル線の輸送に関連して、鉄道と自動車との輸送分野を国民経済的観点から検討する必要がある。…試算の結果を具体的に各線区にあてはめてみると、営業キロにして約13、400（全営業キロの64％）が鉄道の輸送分野となる。…検討の第二段階として、この約13、400粁以外の線区を対象として…類型的に調査を行った結果…約13、400粁の輸送分野に、当分の間営業キロ約4、800粁を加えるべきであると判断した（合計18、200粁）。しかしながら道路・港湾等の整備状況、人口の動向、産業構造の変貌等諸情勢の変化に即応して各線区の使命も変ってくると考えられるので…引き続き綿密な調査、検討を加えていくことが必要である。…

地元が従来鉄道に対して非常な執着を示したのは、鉄道がなくなれば文化的にとり残されるという感情論と鉄道がなくなれば不便、割高になるという便益論のほかに、鉄道と道路に対する地元負担の相違点にその原因があった。…いま、仮にこのような矛盾した制度がなかったとすれば、ローカル線はずっと以前に姿を消していたであろうし、これに代って道路の整備は今よりはるかに進んでいたに違いない。

そして、諮問委は国鉄に以下のように勧告する。

約13、400粁の鉄道網に対しては、その増強と近代化につとめ、当分の間鉄道網に組み入れた約4、800粁の線区については徹底的な合理化を行なうとともに、残りの約2、600粁については、便益性を十分確保する見通しを立てたうえで自動車輸送に委ねるよう勧告する。

なお、自動車輸送の分野となる線区のうち、ただちに自動車輸送へ切り替えることが困難なものについては、切り替えを完了するまで採算可能な運賃を設定するか、それとも、損失を関係の地方公共団体に負担させる等の措置を講じ、ローカル線の損失を他の地域が負担することのないようにすべきである。

今読んでも、そのまま通用する議論である。むしろ、ローカル線問題は解決策が半世紀以上前に提示されていたのに、いまだに実行できていないというべきかもしれない。

この「意見書」が実現されることはなく、その後、財政が悪化し（1971年度に減価償却前赤字）、何度も立てられた再建計画で国鉄はなんとかローカル線廃止を進めようとしたものの、中央・地方政治家そして背後にいる地域住民の圧力に屈し、路線維持を余儀なくされる。ローカル線廃止が前進するのは、国鉄が末期的状況に陥った1970年代後半からである。

国鉄ローカル線対策への不十分な理解

「検討会提言」はここに至るまでの国鉄のローカル線廃止の取組みに全く触れることなく、「路線見直しの経緯」として、「日本国有鉄道の再建について」（1979年12月29日閣議了解）から始めているけれども、これは国鉄の悲願であるローカル線廃止がある程度実現できる見通しが立った最終段階であったのだ。ちなみに、諮問委が廃止対象とした2，591キロのうち、現在、ＪＲの路線として残っているのは524キロで、そのうち9割471キロの2019年度輸送密度が2千人未満である。

また、「検討会提言」の「国鉄再建特措法が、国鉄の経営危機を回避するための緊急的措置として、一定の輸送密度を上回っているか下回っているかで画一的に判断したような方法」という認識は正確とはいえない。

再建特措法に基づき、国鉄全路線が原則、輸送密度8千人を基準として、幹線と地方交通線に大別される。この分類が今も続いており、運賃に1割程度格差が設けられていることはすでに述べた。輸送密度8千人が分岐点とされたのは、当時の中小私鉄の経営成績などを考慮し、国鉄が経営効率化を進めれば、8千人以上なら採算がとれると判断されたからである。採算分岐点として、この基準は今も妥当だと思われる。たとえば、九州新幹線開業（2004年3月）前の在来線しかなかった最後の2002年度数値でみると、ＪＲ九州全線の輸送密度は1万人で、鉄道事業はほぼ収支均衡していた（収益を100として償却前費用91、償却後費用107）。一方、輸送密度が4千人強のＪＲ北海道・四国の2019年度鉄道営業費用は収益の1・5倍を超えている。

国鉄は全路線の約半分を占める地方交通線1万キロを、さらに輸送密度4千人を基準として、2つのグループに分け、4千人未満を原則として廃止対象とした。輸送密度が4～8千人の鉄道路線は、採算はとれないけれども、バス輸送よりも効率的と判断されたからである。繰り返しになるけれども、国鉄は赤字だから路線を廃止しようとしたのではない。内部補助あるいは税金投入するにしても、他の輸送手段ではなく鉄道で輸送サービスを供給することに、国民経済全体の観点から合理性がないからである。棚橋泰運輸省国有鉄道部長（１９５６年入省、のちに官房長、ＪＲ貨物社長）は地方交通線が中心テーマだった１９８３年６月30日の監理委第５回会合で、「鉄道特性からいって、４千人以下は鉄道をやめるべき」と述べている。

さらに、輸送密度４千人を原則的廃止基準としながら、「検討会提言」も言及しているとおり、片道１時間１千人以上の輸送需要がある場合、道路が未整備な場合など、地域の実情を考慮し、基準以下の輸送密度であっても廃止の対象外とした。国鉄が「一定の輸送密度を上回っているか下回っているかで画一的に判断」していなかったことは明白である。

分割反対派も共有していたローカル線廃止

国鉄は路線廃止を進めるにあたって、まず、上記例外条件に該当せず輸送密度２千人に満たない路線を先行して１９８５年度までに廃止することを目指した。これが第一次・第二次特定地方交通線である。次いで、１９８５年度以降に順次廃止されることとなっていた輸送密度２～４千人の路線も、上記例外条件に該当しない第三次特定地方交通線が選定され、国鉄分割をまたぎ、１９９０年までに３・２千キロの全特定地方交通線がバス転換あるいは第三セクター（三セク）鉄道等となった。

もし、国鉄が分割されていなければ、残った路線も例外条件に該当せず廃止基準を満たした段階で、順次バス転換あるいは三セク化されていったであろう。そもそも、鉄道の特性を発揮できないローカル線の廃止は、国鉄分割の是非にかかわらず、国鉄改革を進めるにあたってのコンセンサスであった。第1章で述べたように、国鉄分割に反対する国鉄経営陣も、分割民営化を求める監理委も、鉄道としての特性を発揮できる都市間輸送と都市圏輸送に重点化して国鉄を再生させるという基本認識を共有していたのである。

国鉄は1985年1月に公表した「基本方策」で、この時点で廃止対象となっていなかった地方交通線6・8千キロのうち輸送密度4～8千人の40路線のうち20路線1・4千キロを残し、輸送密度4千人未満の50路線すべてと4～8千人の20路線合わせて計70路線5・4千キロを国鉄本体から切り離し、「幹線からの内部補助によることは避け、極限までの経営努力を行ってもなお解消されない構造的欠損として国の助成を求める」とした。

監理委は「基本方策」を厳しく批判したけれども、ローカル線に関しては、5カ月前の1984年8月に公表した「第二次緊急提言」で、同様の提言を行っていた。

> 地方交通線は…鉄道としての特性を発揮することのできない路線である。…特定地方交通線については、国鉄の事業経営上の負担の軽減という観点からだけでなく、地域にとってより適切な交通体系を整備するという見地からもバスへの転換等を図るため…諸般の施策が進められているところである。…バスへの転換等が予定されている路線以外の約7、000キロメートル弱の地方交通線についても…国鉄からの分離を積極的に推進すべきであり…地元地方公共団体、関係交通事業者等と協議し実現を図るなどその推進の端緒を早急に開くべきである。

ところが、このローカル線分離推進案に対し、各方面から批判が相次いだため、分割を優先する監理委はこの後、政治的考慮からローカル線問題に関してトーンダウンする。しかし、「検討会提言」の「国鉄改革時の経営環境を前提とすれば、不採算路線を含めた鉄道ネットワークを維持していくことが可能と考えられた」という主張は正しいとはいえない。

1985年6月に中曽根首相によって国鉄経営陣が更迭された後、7月に監理委が首相に提出した「最終意見」には、「分割・民営化はローカル線の切り捨てにつながるのか」という疑問に対し、こう書かれている。

分割・民営化によって、それぞれの地域の実情に即した交通体系のあり方を踏まえ、地域に密着したきめ細かい営業施策を展開することによってこそ、地域の交通機関にふさわしい効率的な経営体制の確立が可能となる。これによって公社制度の下での中央集権的な全国一元的運営を続ける場合と比べて、より多くの鉄道が再生され、地域住民の期待に十分応えていくことが可能となると考える。

さらに、「最終意見」は特定地方交通線以外の地方交通線に関して、「これら線区について、会社の健全経営を阻害することのないよう地域の実情に即した運営による活性化、要員の徹底した合理化等に努める」と明記している。

分割民営化すれば「より多くの鉄道が再生」可能というのが監理委の考えであり、すべてのローカル線を残せるなどとは主張していない。分割反対論も根強いなか、政治的考慮からローカル線の廃止推進やJR各社からの分離は明言できなかったものの、ローカル線が、鉄道特性の発揮できる分野の基幹的交通機関として再生されるべきJR旅客会社の重荷になることがないよう釘を刺しているのである。

運輸省はどのように考えていたのか。「国鉄改革の記録」（同省資料）にはこう記されている。

政府答弁でも度重ねて答弁しているが、鉄道は社会的公共性はなお存し、経営判断のみで鉄道営業廃止という、社会に重大な影響を与える決断を行えるものではないことは、他の私鉄も国鉄新会社も同じなのである。ただ私鉄のこうした社会的公共性を超えて国鉄新会社であるという理由で特別に強い公共性を付与することは必要ないし、経営に対する政治介入の温床ともなると考えられたのである。

運輸省もローカル線維持に関し、分割後のJR旅客会社に私鉄以上の義務を課す考えはなく、むしろ国鉄時代のような不当な政治介入を危惧していたのである。残念ながら、「検討会」委員もそれを支える国交省の後輩たちも、以下に示すように、考えが違うようである。

都会の住民の負担はいつまで続くのか

現在、鉄道事業法によれば、路線廃止に地方自治体の同意は必要ない。にもかかわらず、上場したJR各社は、他の鉄道事業者と異なり、JR会社法に依拠して国交相が定めた「新会社がその事業を営むに際し当分の間配慮すべき事項に関する指針」（以下、「大臣指針」）に基づき、「国鉄改革の実施後の輸送需要の動向その他の新たな事情の変化を踏まえて現に営業する路線の適切な維持に努めるものとする」とされている。

しかし、たとえばＪＲ本州３社の場合、全株式が市場に放出されて約20年経ったのに、いつまでそれ以外の鉄道事業者との差別的取扱いが続くのか。「検討会提言」は、「国鉄改革において、多額の国鉄長期債務を切り離して国民負担とするほか、国や地方自治体が多くの国鉄職員を受け入れてＪＲ各社の負担を軽減した」と主張するけれども、少なくともローカル線問題に関しては、国鉄は意に反して内部補助を強制された「被害者」であって、負担したのはもっぱら都会の納税者・国鉄利用者であり、ローカル線利用者・沿線住民は負担以上に大きな恩恵を受けていたのである。

このような不透明な行政は法治国家として看過できない事態である。他の鉄道事業者と同様の経営の自由があることを前提に、投資家はＪＲ株式を保有している。もし、株主でもない国が上場したＪＲ各社を大手私鉄より不利なかたちで差別的に取り扱い続けるのであれば、少なくとも国はそれを明示し、それを承知でＪＲ株式に投資するよう注意を喚起する必要があろう。

ただし、政治的圧力のなか、「検討会提言」に「地域におけるローカル鉄道の公共交通としての特性の評価とそれに応じた在り方の見直しは、民鉄・第三セクター鉄道と同様に進めるべきである」という一文を加えたのは、「検討会」委員・国交省の精一杯の抵抗だったのかもしれない。結局、「検討会提言」に沿った「地域公共交通の活性化及び再生に関する法律」改正案が国会に提出され、衆議院を通過したあと、２０２３年４月21日に参議院で可決、４月28日に公布された。

「検討会提言」はＪＲ各社が大臣指針をこれまで「遵守」してきたことを肯定的に捉えているよう

であるけれども、本当にそうであろうか。なにより「検討会提言」に欠けているのは、国民全体の視点であり、利用者が支払う運賃でローカル線が維持できないということは、いかなる名目であれ、その利用者以外の別の人間が負担しているという厳然たる事実に対する認識である。「検討会提言」がいう国も沿線自治体もJRなど鉄道事業者もすべて、所得再分配を覆うベールでしかないのだ。国は打ち出の小槌ではなく、ある人から強制的に取り上げたカネを他の人に配るメカニズムにすぎない。

国や自治体が負担するというのは、納税者が負担するということであり、鉄道事業者が内部補助で維持するというのは、高利用路線の利用者をはじめとするローカル線利用者以外のステークホルダーが負担するということである。ローカル線内部補助のため、都会の高利用路線の利用者が、車両・駅設備などに関して、運賃に見合ったサービスを受けることができないという側面も無視できない。さらに、ローカル線廃止が議論されるような地域の地方自治体財政は地方交付税交付金等すなわち都市住民からの所得移転に大きく依存している。結局、ローカル線を支えているのは、鉄道を利用しないにかかわらず、都会の住民なのである。

「欧州では論」のまやかし

鉄道廃止に反対する論者はしばしば、欧州では鉄道の公共性を重視し、手厚い公費補助で路線網を維持していると主張する。しかし、監理委が1983年8月の「第一次緊急提言」で「イギリス、西ドイツ、フランス等においても、これまでに5、000キロから8、000キロのローカル線を整理している」と指摘したように、日本では国鉄末期の1980年代にやっと本格的なローカル線廃止の動

図表5・1　日英独仏旅客営業キロ推移

（単位：キロ、パーセントは1961年度比）

年度	*1961*	*1970*	*1980*	*1984*	61-84増減
日本 （除新幹線）	20,104 100%	20,495 102%	21,030 105%	20,837 104%	733
英国	22,198 100%	14,861 67%	14,403 65%	14,364 65%	▲7,834
西ドイツ	28,139 100%	25,632 91%	23,378 83%	21,856 78%	▲6,283
フランス	29,267 100%	26,185 89%	23,726 81%	23,887 82%	▲5,380

図表5・2　日英独仏貨物営業キロ推移

（単位：キロ、パーセントは1961年度比）

年度	*1961*	*1970*	*1980*	*1984*	61-84増減
日本	20,323 100%	20,459 101%	19,558 96%	15,522 76%	▲4,801
英国	29,471 100%	19,229 65%	16,530 56%	15,584 53%	▲13,887
西ドイツ	30,370 100%	29,138 96%	27,951 92%	27,315 90%	▲3,055
フランス	37,954 100%	36,094 95%	33,605 89%	34,028 90%	▲3,926

きが始まった時点で、欧州ではすでにローカル線の廃止が劇的に進んでいたのである。国鉄は当時、上記3カ国の旅客・貨物別営業キロ推移を毎年度、監査報告書附属資料に含めており、国鉄最後の昭和60［1985］年度版に基づき作成したのが図表5・1、図表5・2である。

1961年度と1984年度の旅客営業キロを比べると、日本（新幹線を除く）では7百キロ余り増えたのに対し、英国は8千キロ、西ドイツ（東西統一は1990年）は6千キロ、フランスは5千キロ減少している。英国が路線網の35％を廃止するなど、欧州で旅客営業が大幅に縮小されるなか、日本は逆に国鉄末期まで新線建設を続けていたのである。一方、貨物においては、14千キロ廃止した英国ほどではないにしても、日本でも国鉄末期に路線網が5千キロ縮小されている。

国鉄は、日本より早くモータリゼーションが始まった欧州における鉄道路線網縮小の動きに注目しており、諮問委が「意見書」を石田総裁に提出した1968年、欧米に調査団を派遣、英仏独等各国の国鉄幹部と会談を重ね、調査報告書『欧米諸国の鉄道と交通政策』(運輸調査局)をまとめている。その中心テーマの1つがローカル線廃止への取組みであり、路線網縮小、とくに旅客営業廃止を積極的に進めていた欧州国鉄の実情が事細かに記されている。

とくに興味深いのは、調査団がスイス国鉄幹部との会談時、スイス国鉄が他国に比べ順調な経営を続けている理由を問うた際の、「それは祖先である」という答えである。スイスは当時、欧州では例外的に国鉄以外の民営鉄道のプレゼンスが大きかった。

われわれの祖父は、もっともいい所だけを選んで国有化し、最初から幹線だけの国有鉄道をつくってくれた。これが今日の黒字経営の基盤である。他の欧州諸国では、輸送量の少ない線区まで全部を国有化してしまったために、今日その撤去に非常な苦労をしているわけである。

国鉄改革は日本でも同様のことが実現できる絶好の機会であった。もし国鉄最後の改革案「基本方策」や監理委の「第二次緊急提言」に従い、ローカル線を切り離したうえで、JR体制に移行していれば、JR各社はローカル線問題という国鉄以来の宿痾《しゅくあ》から解放されていたであろう。

国民の視点で効率的な地域交通の構築を

人口希薄地域で輸送という機能を確保することに、直接の利用者以外の負担が正当化されるという意味での公共性があるとしても、サービス提供は可能な限り効率的に行われねばならず、鉄道である必然性はない。ＪＲ各社が大臣指針を「遵守」することは、国民経済全体の観点からはマイナスであるとすらいえる。実際、国鉄は半世紀前から、採算性ではなく国民経済の観点からローカル線廃止を訴えていたし、地方中小私鉄の大半は国鉄が本格的にローカル線廃止に着手する前に廃止されていたのである。それに対し、「検討会提言」はローカル線利用者の利便性を考慮するのみで、利用しないのに負担を強制される都会の住民がいることを忘れているかのようである。

「検討会提言」は結論として、輸送密度が1千人未満かつどの隣接駅間でも1時間当たり片道最大輸送人員が5百人に満たない路線を対象に、「国の主体的な関与により、都道府県を含む沿線自治体、鉄道事業者等の関係者からなる協議会（特定線区再構築協議会（仮称））を設置し、『廃止ありき』『存続ありき』といった前提を置かずに協議する枠組みを創設する」ことが「適当である」とした。

しかし、理由を明確に示した国鉄時代のローカル線対策と異なり、なぜ1千人を基準とするのか、根拠が示されていない。「ＪＲ各社は、少なくとも輸送密度が2，０００人…を下回ると、鉄道事業者の経営努力のみにより利便性と持続可能性の高い鉄道サービスを保っていくことが困難になる、との考えを示してき」たとあるので、半分に値切ったということだろうか。輸送密度1千人という著しく低い基準の提示は、1千人以上なら今のままで構わないという印象を、とくに沿線地方自治体住民に与えかねず、国民経済の観点から利用者以外の負担による鉄道維持が正当化できない輸送密度1～

4千人の閑散路線のバス転換等を阻害することになる可能性が高い。

1人当たりの所得水準を向上させるためには生産性の向上が不可欠である。日本のように人口が減少する社会では、アウトプットを増やすというより、より少ないインプットで同じアウトプットを実現するという視点が重要となってくる。スクールバス導入も含めたバス転換や自家用車利用の支援などを通じて、人口希薄地域での輸送サービスの維持をより効率的に行うというのが、「検討会提言」で何度も繰り返される「コンパクトでしなやかな地域公共交通に再構築していく」ことであり、国民の視点に立った交通行政の基本であるべきだろう。

第6章

どの路線に住むかで生じる不公平な運賃格差

鉄道輸送サービスに関して、たとえばJR東日本の場合、首都圏の輸送で生じる利益による内部補助によって、その他地域の鉄道輸送が維持されている。こうした「助け合い」は鉄道だけに限られるわけではない。一定程度の内部補助は、業種を問わず多くの企業で行われていることであり、事業部門間の相乗効果を勘案すると、企業としての価値最大化に必ずしも反しているとはいえない。

JR本州3社のように、それが望ましいか否かは別として、ドル箱路線による内部補助が可能な場合は、比較的安い運賃でも、利用者の少ないローカル線が維持できる。しかし、ローカル線を単独で運営する事業者の場合、そもそも頼るべき「打ち出の小槌」が存在しないので、自力で何とかしなければならない。しかし、この独立採算というのが、公益性があるとされる鉄道の場合、一筋縄ではいかないのである。

低価格弾力性が可能にする運賃格差

旅客鉄道輸送には、その価格すなわち運賃について検討するうえで、忘れてはならない特質がある。それは、価格弾力性がかなり低いということである。価格弾力性とは、需要減少率と価格上昇率の比であり、弾力性が1の場合、価格上昇による収入増効果は、値上げによる需要減でちょうど打ち消され、値上げ前後で収入総額は変わらない。逆に値下げすれば、ちょうどそれを埋め合わせるように需要が増えるので、やはり総収入は変わらない。

それでは価格弾力性が1を超えるとどうなるか。この場合、値下げすると、需要は単価減をカバーする以上に増えるので、総収入が増加する。たとえば、値下げで電子機器をはじめとする家電製品の需要が大きく増えるような場合である。

一方、必需品はその名のとおり、値段にかかわらず、一定量を購入せざるを得ないので、値上げしても需要がそれほど減らない。逆に値下げしたからといって、それほど増えもしない。つまり、価格弾力性は1を大幅に下回る。極端な場合、価格にかかわらず需要が一定であれば、弾力性はゼロとなり、価格と総収入（＝価格×需要量）が完全に比例する。

鉄道輸送、とくに通勤通学輸送は一種の必需品なので、鉄道運賃の価格弾力性は1をかなり下回る。これは事業者からみて、運賃を高くすればするほど利益が増えることを意味する。値上げしても、単価増のプラス効果が需要減のマイナス効果を上回るからである。だからこそ、政府は市場経済の大原則であるはずの事業者による価格設定の自由を制限し、鉄道運賃を認可対象としているのである。

旧国鉄ローカル線のうち、国鉄・JRからは切り離されたものの、いわゆる三セク鉄道として再出発した路線は、市販の時刻表では、その歴史的経緯からか、他の非ＪＲ線と異なり、ＪＲ路線と「同格」の扱いを受け、本文に記載されている。

ただし、いまだＪＲに残るローカル線と三セク鉄道には、大きな違いがある。それは運賃水準である。国鉄あるいはＪＲ各社から切り離された時期を問わず、三セク鉄道になると、その時点で運賃がいきなり高くなった。これは、たとえ新事業体移行に際し優遇措置を受けても、巨額の内部補助前提の国鉄・ＪＲ時の運賃では、到底採算がとれないためである。

ここで価格弾力性が低いことが効いてくる。値上げしても需要はそれほど減らないので、単価増がそのまま収入増に跳ね返るのだ。たとえば、新幹線開業により、ＪＲ東日本の幹線だった東北線から青い森鉄道となった旧東北線の青森県部分（青森・目時間）の普通運賃はキロ当たり27円で、ＪＲ東日本の幹線16円の1・7倍、地方交通線18円の1・5倍である。それでも、旧国鉄と無関係な地方鉄道と比べた場合、決して高いとはいえない。長野県の上田・別所温泉間を走る上田電鉄は、キロ当たり運賃が51円もするのだ。以下、普通運賃は、ＪＲはキロ当たり認可賃率を用い、ＪＲ以外は距離区間ごとに運賃が認可されているので、距離が15キロ前後の主要駅間の運賃を営業キロで割って算出した。

ローカル線運賃格差の謎

鉄道事業法16条2項によれば、「国土交通大臣は…能率的な経営の下における適正な原価に適正な利潤を加えたものを超えないものであるかどうかを審査して、これ［認可］をしなければならない」。

それに従えば、事業者ごとに独立採算が成り立つように、運賃が設定されているはずである。しかし、それだけでは、実際に存在する事業者間の大きな運賃格差を説明することはできない。上記の青い森鉄道と上田電鉄の場合、２０１９年度の輸送密度は、それぞれ２、２３９人と１、４１５人で、青い森鉄道が６割ほど多いのに対し、運賃水準はほぼ倍違う。ただし、旧国鉄路線を引き継いだ三セク鉄道と、そうではない中小私鉄は単純には比べられないという意見もあろう。

それでは、同じ国鉄由来の三セク鉄道間で比較すれば、運賃格差は「合理的」に説明できる範囲に収まっているのだろうか。ここでは路線長（営業キロ）や輸送密度の似通った２つの三セク鉄道、北越急行と阿武隈急行を比較してみる。主要諸元は図表６・１のとおりである。

ほくほく線の愛称を持つ北越急行は、新潟県の六日町（ＪＲ上越線）と犀潟（ＪＲ信越線）を結ぶ全長59・５キロの単線電化路線で、国鉄時代に建設工事が中止されたものの、三セク鉄道として工事が再開され、１９９７年３月に開業した（図表６・２）。一方、阿武隈急行は、福島と宮城県の槻木（ＪＲ東北線）を結ぶ全長54・９キロのやはり単線電化路線で、国鉄時代に先行開業していたものの廃止対象となった槻木・丸森間（丸森線）を引き継ぐとともに、工事再開で残りの部分も合わせて１９８８年７月に三セク鉄道として全線開業した（図表６・３）。

２０１９年度の輸送密度は北越急行が１、２９３人に対し、阿武隈急行は１、４５６人で、それほど大きな差ではないものの、北越急行のほうが１割少ない。とすれば、運賃は同じか、北越急行のほうが多少高めかといえば、さにあらず。キロ当たり普通運賃でみれば、北越急行がＪＲ並みの21円なのに対し、輸送密度がやや高い阿武隈急行はその１・５倍の31円。地方ローカル線の主要顧客である高

図表6・1　北越急行と阿武隈急行の比較（2019年度）

	営業キロ（km）	輸送密度（人/日）	普通運賃	通学定期（円/キロ）	実質賃率	運輸輸入（億円）	営業利益（億円）	営業係数（収入=100）	利益剰余金（億円）
北越急行	59.5	1,293	21	6	13	3.8	△7.5	242	63
阿武隈急行	54.9	1,456	31	14	20	5.7	△1.6	120	△22
（参考）									
JR本州地方交通線			18	6					

図表6・2　北越急行路線図

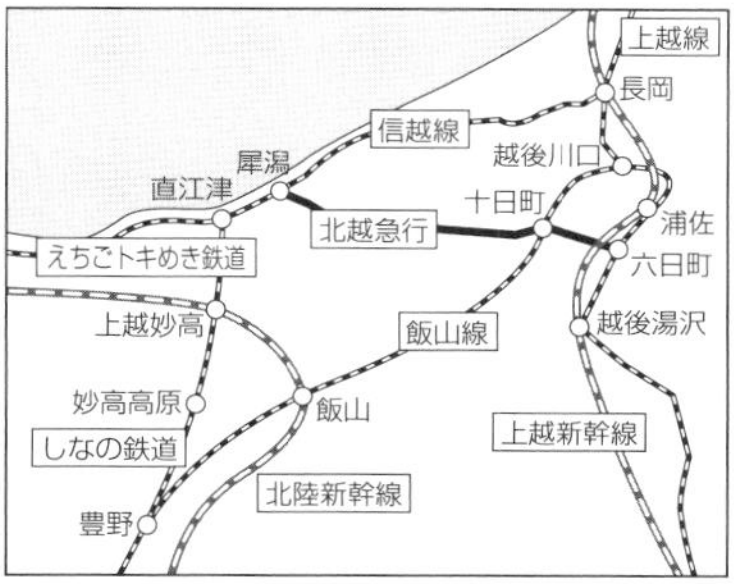

図表6・3　阿武隈急行路線図

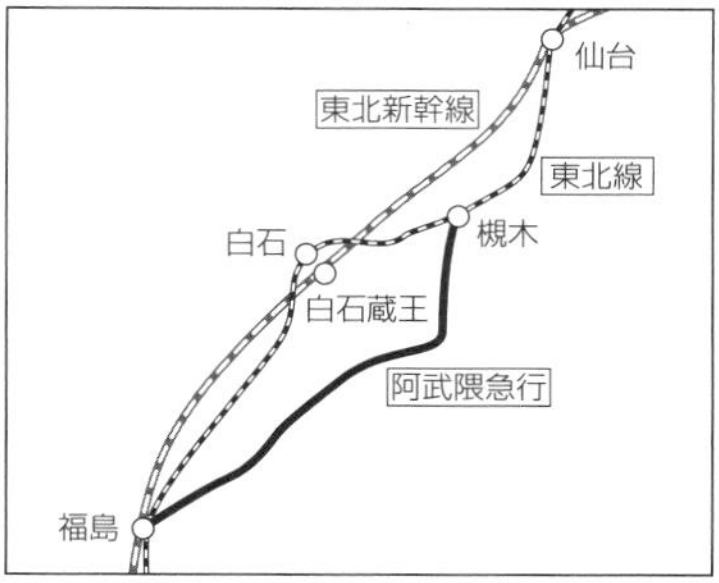

校生の通学定期代でみると、北越急行がやはりJR並みのキロ当たり6円に抑えられているのに対し、阿武隈急行は2・3倍の14円もする。キロ当たり定期運賃は、JRは15キロ、その他は普通運賃計算で使ったのと同区間の6カ月定期代を360（1日2回180日）で割って算出した。運輸収入を輸送量で割った実質賃率でみても、北越急行がキロ当たり13円に対し、阿武隈急行は20円の収入を得ている。

とはいえ、阿武隈急行の運賃は、青い森鉄道より若干高い水準で、三セク鉄道のなかでとりわけ高いとはいえない。北越急行が例外的に安いのである。北越急行が他の三セクには真似のできない際立った効率経営で低運賃を実現しているのであれば、他事業者もそれを見習うべきであろう。しかし、北越急行の低運賃は、開業にあたっての例を見ない優遇措置の結果なのである。

ＪＲ東日本から「御用金」調達

図表６・１にもあるとおり、現在の北越急行の営業成績は、阿武隈急行に比べて著しく悪い。２０１９年度の運輸収入は阿武隈急行の５・７億円に対し、北越急行は３・８億円しかなく、鉄道営業費用と収益の比、すなわち１００円稼ぐのにいくら経費がかかるかを示した営業係数は２４２で、阿武隈急行の営業係数１２０の倍である。したがって、本来ならば、鉄道輸送の価格弾力性が低いことを利用して、運賃値上げで収入増を図らねばならないはず。

ところが、北越急行は、三セクでは稀な、利益剰余金すなわち内部留保の潤沢な事業者であり、その額は２０１９年度末が63億円、２０２２年度末が44億円である。一方、阿武隈急行の利益剰余金は２０１９年度末がマイナス22億円、つまり赤字が累積し、７億円の債務超過であった。２０２２年度末は補助金を受けて改善、利益剰余金がマイナス14億円、純資産１億円で債務超過は解消された。

実際には、阿武隈急行の財務状況のほうが三セク事業者の「定位置」であり、北越急行の潤沢な内部留保のほうが異例の事態である。これは、北越急行の開業にあたって、ＪＲ東日本が行った特異なかたちでの「支援」がもたらしたものなのだ。

国鉄改革によりＪＲ体制となった当初、新たな新幹線建設の見込みが立たないなか、首都圏と北陸を結ぶ新たな鉄路として、越後湯沢と直江津を結ぶ高規格路線整備計画が浮上する。その結果、阿武隈急行同様、ローカルな三セク鉄道として開業すべく、工事が再開されていた北越急行は、ＪＲの都市間輸送の一翼を担う大動脈に生まれ変わることとなった。

国鉄由来の三セク鉄道は、基本的に、施設はタダあるいはタダ同然の価格で譲渡を受けることとなっていた。それは、阿武隈急行も北越急行も例外ではない。しかし、北越急行の場合は、それに加え、在来線最速のスーパー特急を時速160キロで走らせるため、追加にさらに260億円の設備投資が必要となった。そして、おそらく高度な政治的判断の結果、その過半の160億円を、上場されてはいたものの、まだ国鉄清算事業団を通じて国が大量の株式保有していた、完全民営化前のJR東日本が負担することとなる。

1997年3月の開業に合わせ、JR東日本の1996年度末貸借対照表には、160億円の無形固定資産「鉄道軌道連絡通行施設利用権」が計上される。工事費負担の見返りに、北越急行に対する具体的な権利（優先株等）を得たわけでもないのに、なぜ資産価値があるのか。

当時の北越急行の経営者（JR東日本出身）は、「スーパー特急が運行されることにより、首都圏から北陸へ向かうさいの新幹線利用が増えることを期待した」と主張している（『運輸と経済』第64巻第10号、2004年）。しかし、この主張は額面どおりには受け取りがたい。

1997年に北越急行が開通するまで、鉄道で東京から北陸方面へ向かうには、東京から上越新幹線に乗り、長岡で在来線特急に乗り換えるのがメインルートで、最速で東京・金沢間（下り列車）は3時間58分かかった。ところが、北越急行開業により、北陸方面へは東京から上越新幹線に乗り、越後湯沢でスーパー特急「はくたか」に乗り換える経路に代わった。その結果、JR東日本からみれば、新幹線利用距離は71・4キロ、在来線利用距離は48・3キロ、合計で119・7キロ短くなった。つまり、北越急行利用による新ルートは、JR東日本にとって減収要因であった。しかも、この新ルートによる時間短縮効果はわずかで、開業当初は最速で東京・金沢間（下り列車）が3時間43分で15分速くなっただけ、2015年3月のスーパー特急廃止直前の段階では3時間53分で、開業前とわずか5分しか違わなかったのである。

民間企業としてのJR東日本にとって、工事費負担に資産性があったとは到底いえないのみならず、国民経済全体からみても、北越急行の高規格整備には疑問符が付く。ただし、紆余曲折を経て2015年3月に北陸新幹線が開業し、首都圏と北陸方面を結ぶ動脈としての役割を終えるまでの18年間、国鉄時代に幹線とローカル線の分岐点とされた輸送密度8千人を超え、ほとんどが特急利用ゆえ、特急料金が加算されるため客単価が高いこともあって、営業係数は70前後で、北越急行は毎年多額の黒字を計上することができた。ちなみに、スーパー特急が通年で運行された最後の年度だった2013年度の輸送密度は8,769人、営業利益は16億円、営業係数は67であった。

その結果、新幹線開業でスーパー特急が廃止され、他の三セク同様の閑散路線に戻っても、潤沢な遺産を取り崩すことで、当分は現在の低運賃を維持できるし、まさにそれが会社の方針のようである。しかし、並みの三セク鉄道に戻った2015年3月末時点で100億円以上あった利益剰余金は、JR東日本が「無形固定資産」として計上していた工事費負担に見合う部分ともいえる。

何かと「お上」の意向を忖度せねばならない経営者はともかくとして、企業価値最大化を追求するはずの株主や、その代弁者であることを期待されている社外取締役は、「独創的」会計処理が行われた「御用金」調達をこのまま見過ごしてもいいのだろうか。

図表6・4　TXと東葉高速の比較（2019年度）

	営業キロ (km)	輸送密度 (人/日)	輸送量 (億人キロ)	普通運賃	通勤定期 (円/キロ)	実質賃率	運輸輸入 (億円)	経常利益 (億円)	支払利息 (億円)	借入金 (億円)	平均利率 (%)
TX	58.3	132,864	28.4	31	16	16	450	77	19	6,606	0.3%
東葉高速	16.2	88,153	5.2	40	25	31	160	47	16	2,471	0.7%
(参考)京王				16	9						

首都圏通勤路線の運賃格差

運賃格差はローカル線だけの問題ではない。首都圏の通勤路線でも、大きな運賃格差が存在する。２０２２年に北総鉄道が大幅な運賃値下げを行ったことで話題となったけれども、成田スカイアクセス線の一部を担っていることから、成田空港と都心を結ぶ近距離有料特急路線の性格も持っている。ここでは、国鉄・JRとは直接関係なく沿線地方自治体主導で設立された２つの通勤鉄道事業者、つくばエクスプレス（首都圏新都市鉄道、以下「TX」）と東葉高速を取り上げる。主要諸元は図表６・４のとおりである。

TXは、秋葉原からつくばまで、東京都・埼玉県・千葉県・茨城県を通る、全長58・３キロの複線電化路線で、２００５年５月に開業、他社との相互乗入れは行っていない。一方、東葉高速は、千葉県の西船橋から東葉勝田台を結ぶ16・２キロの複線電化路線で、１９９６年４月に開業、東京メトロ東西線と相互乗入れを行っている。

大量の通勤輸送需要に支えられ、輸送密度はともに10万人前後で、２０１９年度の数値は、TXが13・３万人に対し、東葉高速は８・２万人である。地方の三セク鉄道と異なり、設備を自前で建設したので、その負担が重く、両社とも運賃は、首都圏の既存路線よりも大幅に高い。たとえば、大手私鉄の一角を占める京王のキロ当たり普通運賃が16円、通勤定期が９円に対し、TXはそれぞれ31円と

16円で約2倍、東葉高速に至ってはそれぞれ40円と25円で約3倍となっている。実質賃率でみても、ＴＸがキロ当たり16円なのに対し、東葉高速は31円の収入を得ている。

ＪＲや大手私鉄と比べれば、ＴＸも高いけれども、東葉高速の運賃は、地方の三セク鉄道も真っ青の（？）高水準である。なぜ、ＴＸと東葉高速にこんな運賃格差が生じたのか。その原因は、資金調達における優遇措置の甚だしい「不公平」にあった。営業キロの長短を反映し、固定資産はＴＸのほうが大きく、それを反映して、２０１９年度末の借入金は東葉高速の２、４７１億円に対し、ＴＸは６、６０６億円となっている。

ところが、２０１９年度の支払利息は東葉高速の16億円に対し、ＴＸは19億円で同程度。支払利息を借入金で割った平均利率でみると、東葉高速は０・７％なのに、ＴＸは０・３％なのだ。ＴＸは、そもそも国内でＪＲ東日本に次ぐ1、８５０億円という巨額の資本金に加え、借入金の大半は沿線自治体などから無利子で借りることができたので、借入金残高からすると支払利息が非常に少なく、２０１９年度末の利益剰余金は１２５億円、純資産合計は1、９７５億円、２０２２年度末はそれぞれ、15億円、1、８６６億円となっている。一方、東葉高速にも一定の優遇措置がなされてはいるものの、ＴＸほど恵まれていない。近年まで東葉高速のほうが絶対額でも支払利息が大きく（２０１６年度はＴＸ17億円に対し、東葉高速27億円）、２０１９年度末は56億円、２０２２年度末は8億円の債務超過となっている。

どちらの会社に合わせるにせよ、両社が同様の優遇措置を受けていたら、今日実際に存在する大きな運賃格差は生じていなかった可能性が高い。千葉県内で完結する東葉高速のみならず、ＴＸも流山市など千葉県内を走っている。つまり、同じ千葉県民が、ともに東京都心への通勤（通学）利用者をターゲットとする2つの鉄道路線のどちらのエリアに住むかによって、運賃負担の面で差別的に取り扱われているのだ。

ローカル線、大都市通勤路線とも、国の行き当たりばったりの鉄道政策のせいで、同じような環境下にある地域住民に対して、経済的に無視できないサイズの不平等が放置されたままになっている。通勤定期代は勤務先が負担するにしても、地域によって企業の負担に大きな差が生じることに変わりない。ちょっとした不公平な（と感じられる）取扱いが大々的に問題視されることも稀でない今日、なぜ運賃格差がそれほど大きな問題にならないのか、筆者には謎である。

第7章

インフラ老朽化に対処できない中小鉄道・整備新幹線

世界で最も高齢化が進み、国民の平均年齢が50歳近い我が日本にとって、最大の課題の1つがインフラの維持である。すでに日本は、公共部門を含む投資額（総固定資本形成）と減価償却費（固定資本減耗）がほぼ同額で推移している。内閣府が公表している国民経済計算の2021年度データによると、投資額141兆円（うち一般政府分23兆円）に対し、償却費139兆円となっている。要するに全体として、日本経済の固定資本は一定で、フローでは減価償却分を埋め合わせるだけの更新投資が行われているわけである。

ここでいう固定資本には、ビジネスベースで投資判断が行われている民間のストックのみならず、税金投入を前提とした公的インフラも含まれている。利用者から料金を徴収するか否かにかかわらず、

図表7・1　公的インフラ維持更新コスト（2018～2048年度）

（単位：兆円）

	2018	2023	2028	2038	2048	30年間計
予防保全計	5.2	5.5～6.0	5.8～6.4	6.0～6.6	5.9～6.5	176.5～194.6
道路	1.9	2.1～2.2	2.5～2.6	2.6～2.7	2.1～2.2	71.6～76.1
河川等	0.6	0.6～0.7	0.6～0.8	0.7～0.9	0.7～0.9	18.7～25.4
下水道	0.8	1.0～1.0	1.2～1.3	1.3～1.3	1.3～1.3	37.9～38.4
港湾	0.3	0.3～0.3	0.2～0.3	0.2～0.3	0.2～0.3	6.0～8.3
その他	1.6	1.6～1.8	1.3～1.4	1.2～1.4	1.6～1.7	42.3～46.4
事後保全計	5.2	7.6～8.5	7.7～8.4	8.6～9.8	10.9～12.3	254.4～284.6
予防保全削減効果		29%	25%	32%	47%	32%

既存ストックが更新投資によって維持されなければ、短期的にはともかく、長期的にはサービスを提供できなくなる。果たして公的インフラの現状はどうなっているのだろうか。

深刻な公的インフラ老朽化

日本の公的インフラ老朽化は深刻な状況にある。コロナ前の『日本経済新聞』に、次のような記事（２０１８年1月18日付朝刊）が出ていた。

> 高度経済成長期に集中的に整備された公共施設の老朽化が進んでいる。国土交通省によると、２０１７年12月時点で全国の道路橋のうち23％が建設後50年を経過。33年には6割を超える見込みだ。維持管理・更新費用は加速度的に増え、財政負担が大きな課題となる。33年度の管理・更新費用は13年度比で最大5割強増える。

政府もインフラの維持を大きな問題と認識し、図表7・1に示したとおり、施設に不具合が生じる前に対策を講じる予防保全ベースと、不具合が生じてから対策を講じる事後保全ベースのコスト推計を公表している（「国土交通省所管分野における社会資本の将来の維持管理・更新費の推計（２０１８年度）」）。それによれば、２０１８年度は５・２兆円、２０１９年度から２０４８年度の30年間合計では、予防保全を行った場合は１７６・５～１９４・６兆円、事後保全の場合は２５４・４～２８４・６兆円の維持管理・更新費がかかる。予防保全による削減効果は30年間計で32％となっている。ただし、この推計には鉄道と自動車道は含まれていない。上記推計とは別に、高速道路６社は維持管理・更新費として30年間で19・４兆円を予定している。すでに国は、老朽化する高速道路施設を維持更新するため、いずれ無料化するという建前は崩さず、これまで２０６５年としてきた高速道路の無料開放開始時期を50年延ばし、２１１５年とすることを決め、関連する法案が２０２３年５月31日に国会で可決、成立した。

予防保全を行っても、鉄道と自動車道を除く国交省所管のインフラ維持だけでＧＤＰの１％、消費税２％分の税収を充てる必要がある。財政状況を考えると、今後は、既存インフラの維持だけで精一杯で、いずれ追加で維持更新が必要となる新規の公共インフラ投資は、国民経済の観点からメリットがとくに大きいものに限らねばならない。

実際、インフラの修繕は進んでいない（『朝日新聞』２０２０年１月10日付朝刊）。

全国約77万カ所にある橋やトンネルなどの道路インフラのうち、約８万カ所が腐食やひび割れなどで５年以内に修繕が必要な状態になっている。国土交通省の調査では、このうち約８割が修繕にとりかかれていなかった。大半は地方自治体が管理するもので財政難などが原因で進んでいない…

国は、２０１２年の中央道笹子トンネル（山梨県）の天井板崩落事故を受け、14年から橋やトンネルの管理者に5年に1度の点検を義務づけた。全国の自治体や企業は18年度末までに1回目の点検をほぼ終え、４段階で評価した結果が昨年夏に公表された。

それによると、約72万カ所の橋のうち、５年以内に修繕が必要な「早期措置段階」だったのは９・5％の６万８、３６９カ所。さらに６８２カ所は通行止めなど緊急対策が必要な「緊急措置段階」だった。トンネルは約１万カ所のうち、約40・９％の４、３５３カ所が早期措置段階、63カ所が緊急措置段階。歩道橋など約４万カ所も同様の状況だった。

だが、このうち18年度末時点で修繕工事に着手できていないのは、橋が77・８％の５万３、６９４カ所、トンネルも63・７％の２、８１２カ所に上った。

５年以内に修繕が必要なインフラの約９割は、都道府県や市区町村が管理者で、財源不足で修繕費用が捻出できなかったり、地元住民の反対で撤去が進まなかったりしている…

前述の『日本経済新聞』の記事によれば、人口減少が進む地域では、インフラを維持更新するのではなく、解体縮小する動きが広がっている。

人口減少が激しい市町村を対象にした日本経済新聞の調査では5～10年後にインフラの新設をやめる自治体が5割に上る。身の丈に合わせて縮め方を探る動きが各地に広がる。…

多くの自治体は既存施設を維持したいと考えるが、実際は八峰町のように解体まで踏み込まざるをえないところが多い。「新規をやめる」とはしなかった自治体もインフラ新設には慎重だ。…
人口減少の影響は今後5～10年で深刻になるとみる市町村が多いが、それに備えた身の丈に合ったインフラや公共サービスの検討は待ったなしの状況にある。

とはいえ、いくら人口が減少したとしても、一定レベルの交通インフラは、国が責任を持って支える必要があろう。その場合、利用実態や費用対効果からいって、まず維持更新しなければならないのは道路である。しかしながら、大量輸送という特性が発揮できない人口希薄地域の鉄道に、公的支援を行う正当性を見出すことは困難である。

それでも、ローカル線維持に公的支援を求める声が絶えない。しかし、国や地方自治体は、私腹を肥やす悪代官ではないにしても、せいぜい鼠小僧あるいはロビンフッドのような義賊にすぎない。打ち出の小槌を持っているわけでなく、誰かから無理やり取ってくるだけである。その「誰か」とは、経済活動が活発な首都圏をはじめとする都市の住民なのだ。

中小鉄道の今そこにある危機

さらに、国交省が地域鉄道事業者と呼ぶ中小私鉄および三セク鉄道（以下、「中小鉄道」）の会計数値は、路線の持続可能性を判断するうえであてにならない。国交省は「地域鉄道の現状」で全95社のうち、2019年度は74社が経常赤字、21社が経常黒字だとしているけれども、赤字の事業者はもちろん、黒字だからといって、今後自力で路線を維持できるとは限らないのだ。

三セク鉄道は、第6章で指摘したように、線路設備を無償あるいは大幅に圧縮した価額で譲渡されている。要するに最初から事業資産の全部あるいは一部を減損したうえで、鉄道を運営している。しかし、鉄道事業における減損は、通常のビジネスベースの事業、たとえば、ホテル事業における減損と同一視することはできない。

ホテル事業者が、客足の伸びないホテルの資産簿価を減損したうえで、事業を継続することには経済合理性があるとともに、開示情報としても有用であろう。ランニングコストと減損後の資産評価に基づく減価償却費（価値が低下した資産の機会費用に相当）をカバーできるのであれば、事業を続けたほうが廃業するよりトクである。そして、よほど状況が変化しない限り、最後は解体し更地にして、新たな事業を始めるか、土地を売って資金を回収すればよい。

投資家を含む利害関係者は、減損によって回収できない投資額を早めに知ったうえで、経済実態を反映したその後の収支状況を把握することができる。減損後に生じた利益は、原則として配当原資となる。

鉄道事業者も、譲渡時のインフラが老朽化し、列車運行が続けられなくなった時点で路線を廃止してもよいのであれば、ホテル事業者と同じである。しかし、鉄道事業の場合、期間限定ということは通常想定されておらず、施設を維持更新して事業を継続することが当然視されている。ホテルのような通常のビジネスベースの事業とは違うのだ。

減損してスタートすると、減価償却費が軽減され、会計上の利益がかさ上げされるけれども、更新投資を行うにはフローの利益をストックの留保利益として積み上げていく必要がある。ところが、そもそも設備コストを全額費用負担したら恒常的赤字となるから減損しているわけで、更新投資に十分な留保利益がたまるはずもない。

実際、大半の三セク鉄道は、軽減された償却費すら負担できず、赤字である。北陸新幹線開業までスーパー特急を運行し、例外的に留保利益を百億円強積み上げた北越急行も、その建設コストは千億円を超えている。しかも、新幹線開業後は毎年出る赤字補填のため、留保利益は減少する一方で、設備更新どころではない。三セク鉄道は継続企業の前提を欠いているのだ。

中小私鉄も状況は変わらない。中小鉄道95社の２０２１年度末時点での施設利用経過年数をみると、トンネルは耐用年数の60年を超えるものが全体の４割、橋梁は耐用年数の40年を超えるものが全体の4割に上る。要するにほとんどの施設が耐用年数を超えるかそれに近い状況で、会計上「償却済み」になっているわけである。仮に減価償却累計額がキャッシュあるいは換金可能な資産で留保されていても、現在より物価水準が大幅に低かった時代の簿価に基づいているため、今後の更新投資には明らかに足りないし、それも、すでに他の換金不可能な資産に使われているかもしれない。さらに、三セク鉄道の場合は減損までしているのだ。実際、国交省も施設の「老朽化が進み安全設備更新の資金負担が事業継続のネック」であり、「安全性向上・バリアフリーなど新たなニーズへの対応が困難」（「地域鉄道の現状」）と認めている。「地域公共交通確保維持改善事業費補助金」（２０２３年度予算２０７億円）も一部が安全確保のための整備に使われているけれども、焼石に水である。

中小鉄道は三セク鉄道も中小私鉄も、現在、事業の継続性が危ぶまれる状況にあり、インフラは危機的状態にあるのだ。

10年前に神奈川県のインフラの現状を扱った「インフラ再生」という『読売新聞』横浜版の連載で、中小鉄道（同県に三セク鉄道はなく、中小私鉄のみ）も取り上げられている（2013年3月27日付朝刊）。笹子トンネル事故を受け、国交省による中小鉄道の老朽化施設検査・補修工事への支援が強化され、自治体も共同して補助を行うとはいえ、その規模は限定的であることを指摘し、記事はこう結ばれている。

鉄道事業者にとって、問題の発見は、事故の未然防止につながる一方で、さらなる出費を強いられることになる。
ある中小鉄道の担当者は語る。「問題が見つかれば、資金をなんとか工面して工事をしなければならない。だが、いまは、見つかったときのことまでは考えられない」

三セクか私鉄かといった経営形態を問わず、中小鉄道は今そこにある危機に直面している。もし、今後も中小鉄道を残したいのであれば、ただでさえ厳しい国や地方自治体の財政状況をさらに悪化させても、インフラの更新投資に、これまでとは桁違いの公的支援を行うしかない。しかし、国の財政の骨格を決める経済財政諮問会議は、「政策効果が乏しい歳出を徹底して削減し、政策効果の高い歳出に転換」し、「歳出の内容を前向きに、不断に見直す」という「ワイズスペンディング」が不可欠としている（2020年7月8日第10回会議資料）。
交通に関しては、とくに地方において自家用車による移動を確保することが最優先されるべきであるなか、その前提となる道路の維持更新すら危ぶまれる今日の日本で、中小鉄道への大規模支援が政府の推進する「ワイズスペンディング」にあたるとは到底思えない。費用対効果を考えれば、鉄道ではなく道路に限られた財源を投入すべきである。

サステナブルではない整備新幹線

収支の辻褄を合わせるため、最初から減損したうえでスタートしたことから、将来インフラが老朽化した場合、路線を維持するには大規模な外部からの支援なしには立ち行かなくなるのは、三セク鉄道に限らない。実は、整備新幹線がそうなのである。

整備新幹線の建設コストは、運営するＪＲ各社が新幹線開業で受ける利益に相当する額を30年間にわたり貸付料（リース料）として支払ったうえで、不足分は公費で負担することとなっている。最初に確認しておきたいのは、貸付料という負担形式自体が更新投資を阻害するものではないことである。貸付料と更新投資の関係をめぐっては、一見もっともらしいけれども、誤った議論が横行しているので、若干技術的になるものの、ここで詳しく解説しておきたい。

１９８７年のＪＲ体制発足時、国鉄の借金返済のために、新幹線施設は一種の国のＳＰＣである保有機構が一括保有し、運営するＪＲ本州３社が保有機構に新幹線リース料を支払う形式がとられ、数年後、ＪＲが施設を買い取った。それに対し、当時からＪＲ東海の葛西氏は以下のような主張を行っていた（「私の履歴書」『日本経済新聞』２０１５年10月25日付朝刊）。

保有機構が受け取るリース料は全額債務償還に充て、地上設備の維持更新は借り手が行うことになっていた。ところが、借り物の地上設備については減価償却費を計上できない。だから借り手が借金して維持更新をやるか、やらずに資産を食い潰しつつ問題を先送りするかの二者択一だった。

同様の主張を行う「有識者」は少なくない。数式を使った一般論は末尾の補遺に回すこととして、以下、数値例を用いて、貸付料が建設コストに見合ったものである限り、貸付料形式で負担すると減価償却費が計上できないので更新投資に支障をきたすという主張が誤りであることを示す。いたずらに議論を複雑にすることを避けるため、物価水準と割引率は一定とする。

新線開業にあたり、３期にわたる定額貸付料３，９９３で建設コストを負担する場合を考える（金額単位省略）。この数値例では、キャッシュ（アウト）フローであると同時に会計上の費用でもある貸付料の３期合計が１１，９７９（＝３，９９３×３）となる。割引率を１０％と置くと、第１期首時点での割引現在価値は９，９３０となる（算式１）。貸付料が建設コストに見合っているとすれば、再度、同じものを作るのにかかる金額でもある。

次に、資金を自ら調達して、新線を資産として保有したうえで、残存価額ゼロかつ定額法で償却しつつ、元利均等払いで返済する場合を考える。実際に資産を保有しなくてもよい。法律上は貸付のまま、リース会計処理を行っても同じである。毎

算式1　第1期首時点での割引現在価値

$$9{,}930 = \frac{3{,}993}{1+0.1} + \frac{3{,}993}{(1+0.1)^2} + \frac{3{,}993}{(1+0.1)^3}$$

期のキャッシュフローは、元利均等払いなので、貸付料と同額の３、９９３となる。会計上は、第１期首に建設コスト９、９３０と同額の資産と負債が両建てで計上され、各期のキャッシュフロー３、９９３は費用である支払利息と元本返済額に分けて計上される。支払利息は期首の負債残高に割引率10％をかけて算出し、その額を３、９９３から引いたものが元本返済額となる。また、資産は定額法で償却するので、毎期、３、３１０（＝９、９３０÷３）の減価償却費が計上される。各期の費用として計上される額は、支払利息に減価償却費を加えたものとなる。図表７・２に各期の数値をまとめて表示した。結局、支払利息と減価償却費からなる費用の３期合計は、貸付料合計と同じ１１、９７９となる。

元利均等ではなく、元本を最終期末に一括返済する場合は、キャッシュアウトのタイミングが後にずれるので、時間価値を反映しキャッシュフローの単純合計が増え、同額だけ費用合計も増える。ただし、元本満期一括返済であれ、元利均等払いであれ、返済せねばならないキャッシュフローの現在価値は同じである。満期一括返済の場合、当然ながら、当初のキャッシュアウトが小さくなる分を別の投資に振り向けることができるので、そのリターンを差し引けば、キャッシュフローも費用も元利均等の場合と変わらない。

なお、税金を考慮に入れると、費用発生パターンの違いに応じて納税のタイミングが異なるので、その時間価値分だけキャッシュフローの現在価値に違いが生じる。ただし、新幹線貸付料をめぐって企業経営上の有利不利が論じられる際、納税のタイミングは論点となっておらず、そもそも、低金利下ではわずかな違いしか生まない。

図表7・2　貸付料方式と借入建設方式の比較

	第1期	第2期	第3期	合計
貸付料（キャッシュフロー）	3,993	3,993	3,993	11,979
第1期首現在価値	3,000	3,300	3,630	9,930
期首負債	9,930	6,930	3,630	—
支払利息	993	693	363	2,049
期末元本返済額	3,000	3,300	3,630	9,930
期首資産	9,930	6,620	3,310	—
減価償却費	3,310	3,310	3,310	9,930
利息・償却費計	4,303	4,003	3,673	11,979

自己保有だとキャッシュアウトを伴わない減価償却費が計上できるのに、貸付料だとそれができないという主張は、貸付料に元本返済相当額すなわち減価償却費相当額が含まれていることを忘れている。自己保有の場合、当然ながら、元本返済は費用処理できないので、減価償却費計上の「有利さ」とちょうど打ち消し合う格好になっているのだ。

以上の議論は、借入ではなく自己資金の場合も同様に成り立つ。自己資金で建設する場合は、投資のサイクルが終わった時点で、同額のキャッシュが残っている必要がある。貸付料で支払う場合や借入で調達する場合と異なり、キャッシュアウトが伴わないものの、最終期末に当初の自己資金に相当する額が、配当原資となる利益に計上されずに、手元に残っていなければならない。それが減価償却累計額である。貸付料方式だと減価償却費が計上できず不利という主張は、貸付料方式と比べるべきは借金して建設する場合であるにもかかわらず、誤って自己資金で建設する場合と比較しているからかもしれない。

ここまでの議論は、貸付料が建設コストに見合っていることを前提としていた。ところが、次々と開業する整備新幹線の貸付料

（現在価値）は、建設コストを大幅に下回っている。たとえば、新青森から新函館北斗まで部分開業した北海道新幹線の建設コスト５，７８３億円に対し、ＪＲ北海道が支払う貸付料は毎年わずか１億円、ＪＲ東日本が開業にあたり受益が生じたとして毎年払わされる22億円の「御用金」を合わせても23億円で、30年間の支払額を割引率ゼロで単純合計しても、建設コストの１割強にすぎない。

要するに、整備新幹線は三セク鉄道となった旧国鉄・ＪＲローカル線同様、大幅な減損をしたうえでスタートしているのと同じである。したがって、三セク鉄道のところで議論したことがそのまま当てはまる。

それでも、ＪＲ東日本やＪＲ西日本の場合は、他の高収益路線からの内部補助で整備新幹線のインフラを維持更新できるかもしれない。たとえば、ＪＲ東日本は２０３１年から10年間で１兆円かけて、整備新幹線ではない東北新幹線の東京・盛岡間と上越新幹線の大規模改修を行う予定である。しかし、ＪＲ北海道やＪＲ九州が将来の維持更新を自力で行うことは不可能である。我々の孫の時代には、整備新幹線は巨大な産業廃棄物となってしまう可能性が高いのだ。

数学補遺

T期間にわたって支払う各期の貸付料（定額とは限らない）をC_tと置くと、第１期首のキャッシュフロー割引現在価値すなわち当初負債残高V_1は、割引率をrとすれば、

$$V_1=\sum_{t=1}^{T}\frac{C_t}{(1+r)^t}$$

となる（以下、総和記号の添え字は省略）。資産負債両建てでスタートするため、V_1は当初資産残高でもあることに留意すれば、減価償却が残存額ゼロかつ定額法で行われる場合（ここでの議論は償却方法に依存しない）、各期の減価償却費D_t、支払利息I_t、費用計E_t、元本返済額Q_tおよび各期末（t期末は$t+1$期首）の負債残高V_{t+1}は

$$\begin{aligned}
D_t&=\frac{V_1}{T}\\
I_t&=rV_t\\
E_t&=I_t+D_t\\
Q_t&=C_t-I_t\\
V_{t+1}&=V_t-Q_t=(1+r)V_t-C_t
\end{aligned}$$

となる。

最終T期末の負債残高V_{T+1}は

$$\begin{aligned}
V_{T+1}&=(1+r)V_T-C_T=(1+r)\left[(1+r)V_{T-1}-C_{T-1}\right]-C_T\\
&=(1+r)^2V_{T-1}-\left[(1+r)C_{T-1}+C_T\right]\\
&=\cdots=(1+r)^TV_1-\sum(1+r)^{T-t}C_t\\
&=(1+r)^T\sum\frac{C_t}{(1+r)^t}-\sum(1+r)^{T-t}C_t\\
&=\sum(1+r)^{T-t}C_t-\sum(1+r)^{T-t}C_t\\
&=0
\end{aligned}$$

となって、ゼロ。したがって、

$$\sum Q_t=\sum\left(V_t-V_{t+1}\right)=V_1-V_{T+1}=V_1$$

となり、元本返済額合計は当初負債残高に一致する。

元本返済額の定義から、

$$V_1=\sum Q_t=\sum\left(C_t-I_t\right)$$

なので、

$$\sum I_t=\sum C_t-V_1$$

つまり、支払利息合計は貸付料合計から当初負債残高を引いた額となる。減価償却累計額は当初資産残高すなわち負債残高

$$\sum D_t=V_1$$

に等しいので、

$$\sum E_t=\sum\left(I_t+D_t\right)=\sum C_t$$

となり、資産を所有した場合の費用合計と貸付料合計が等しいことが示された。なお、割引率が一定でない場合も同様に示すことができる。

第 3 部　さらば鉄道貨物

新幹線幻想　●　ローカル線

第４部
新幹線幻想と
JR６社の現実

第２部
地域交通手段としての
鉄道の限界

It is difficult to get a man to understand something,
when his salary depends upon his not understanding it!

Upton Sinclair

第８章　ＪＲ貨物の隠された「相当な赤字」
第９章　有事に鉄道貨物輸送は必要なのか

第8章

JR貨物の隠された「相当な赤字」

鉄道150年の歴史で、国鉄分割民営化は最も大きな出来事の1つであった。しかし、ローカル線とともに国鉄の長年の重荷であり、国鉄再建の大きなテーマであった貨物輸送は、問題を抱えたままJR貨物が発足して以来、惰性で続いているだけであって、30年以上経った今も、解決が先送りされたままとなっている。

鉄道に関してはどうしても旅客輸送に目が向きがちであるけれど、貨物輸送は現在、深刻な危機にあり、国民経済全体の観点からは全く正当化できないJR旅客利用者の負担による実質大赤字の穴埋めが行われているのだ。にもかかわらず、国交省はこの経済価値マイナスのJR貨物上場を画策しているのである。

貨物輸送のトラック依存度は高くない

旅客輸送に関しては、事業として採算が合わなくても、他の手段を用いた場合よりも鉄道サービスを維持するほうが国民経済全体からみて効率的な場合は、税金投入が正当化し得る。国鉄は１日当たり輸送密度４千人を超えれば、鉄道輸送の国民経済的合理性があるとして、採算が取れなくてもローカル線を維持するとしていた。一部に誤解があるけれども、国鉄は儲からないからローカル線を廃止しようとしたのではない。

一方、本来ビジネスベースで行われるべき貨物輸送には、こうしたいわゆる公共性の議論は成り立たない。もちろん、利用者が支払ってもよいと思う価格でサービスが提供でき、採算が取れるのであれば、貨物輸送という機能を担う１つの手段として、鉄道は今後も生き残ることができるだろう。

しかし、日本の貨物輸送市場には、鉄道がその大量定型輸送という特性を発揮できる領域がほとんど残っていない。日米独英の貨物輸送量を２０１９年の数値で比較した図表８・１をご覧いただきたい。なお、日本では２０１０年度以降、自動車（トラック）輸送量の公式推計方法が大きく変更されたので、変更前データとの連続性を保つために筆者が再計算した２０１９年度推計値と、旧推計最後の２００９年度の公表値を併記した。以下、筆者推計値で議論する。

鉄道が運ぶべき貨物は日本に存在しない

まず、輸送量に占める自動車のシェアをみると、日本は62％で、環境大国とされるドイツの71％や英国の79％より低い。一方、環境への配慮が足りないと欧州諸国から批判されている米国は44％で、

図表8・1　国内貨物輸送量・シェア国際比較

	日本(2009)	日本(2019) 公表値	日本(2019) 筆者修正値	米国(2019)	ドイツ(2019)	英国(2019)
輸送量(億トンキロ)	5,214	4,044	5,055	78,897	6,980	1,956
鉄道	206	200	200	23,571	1,292	166
うちJR	204	197	197			
自動車	3,325	2,138	3,149	34,572	4,986	1,538
船舶	1,673	1,697	1,697	6,663	509	252
航空	10	9	9	0.2	16	
パイプライン				14,091	176	
輸送シェア						
鉄道	4%	5%	4%	30%	19%	8%
自動車	64%	53%	62%	44%	71%	79%
船舶	32%	42%	34%	8%	7%	13%
航空	0.2%	0.2%	0.2%	0.0%	0.2%	
パイプライン				18%	3%	

日本や英独よりもトラック依存度が目立って低い。

貨物輸送における鉄道のプレゼンスの大きさでは、米国が他を圧しているのだ。国土が広大で、かつ資源大国である米国では、石炭輸送を担う鉄道のシェアは30％となっている（石油はパイプライン輸送）。日本は4％で、大陸国であるドイツの19％には遠く及ばず、同じ島国である英国の8％よりも低い。

しかし、日本の鉄道シェアの低さは、トラックに依存しすぎているからではなく、船舶（内航海運）のシェアが他国に比べ圧倒的に大きいことによる。米国やドイツのような大陸国と違って、日本は島国であり、しかも原材料を輸入に頼り、工業地帯が海岸沿いに集中しているため、大量定型輸送需要は主に船舶が担い、鉄道がその特性を発揮するマーケットが限られている。同じ島国である英国も、ドイツに比べ船舶のシェアが高く、鉄道のシェアが低くなっていることも、同様の理由による。
近年、日本ではトラックから鉄道へのモーダルシフトが声高に主張されるけれども、もともと日本は欧州諸国に比べて、トラックへの依存度は低い。本来は鉄道が運ぶべき貨物を、トラックが運んでいるわけではなく、むしろ、鉄道が運ぶべき貨物がそもそも存在しないのである。

最後の栄光の日々だった1960年代

鉄道貨物といえば、かさばる原材料とくに石炭というのは、日本も例外ではなかった。そのため、炭鉱が集中する北海道や九州北部では、鉄道といえば、まず何より石炭を運ぶものだったのである。旅客輸送は「おまけ」であり、当時も利用者は少なかった。ところが、日本では1960年代以降、エネルギー源の海外依存が高まり、非効率な鉱山の閉鎖が急速に進み、1960年から1970年の10年間で鉄道による石炭輸送量は半分以下になる。

その間、実質GDPが年率平均10％で成長し2・6倍となるなか、それに比例して、日本の貨物輸送量が10年間で1，389億トンキロから3，507億トンキロと2・5倍になったのに、図表8・2で示したように、国鉄貨物輸送量は536億トンから624億トンキロと16％増えただけであった。そのため、国鉄のシェアは39％から18％に低下した。高度成長期の物流を支えたのは、鉄道ではなく、輸送量が6・5倍になったトラックと2・4倍になった内航海運だったのである。

それでも、高度成長のおかげで、シェアを激減させながらも、絶対量がわずかでも増えた1960年代は、今から振り返ると、国鉄貨物輸送にとって最後の栄光の日々であり、結果的に1970年度

図表8・2　国鉄貨物輸送量実績・予測

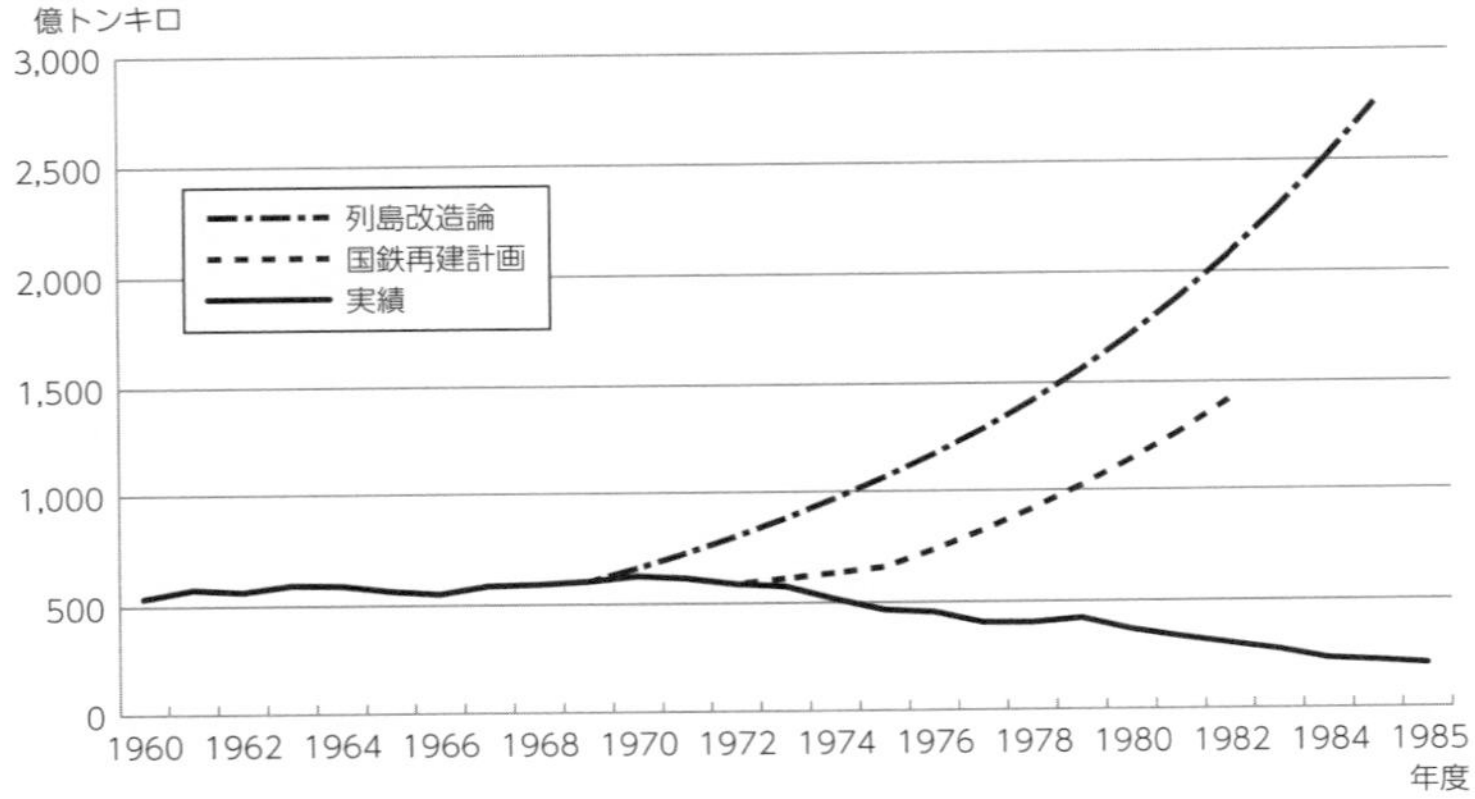

の624億トンキロは史上最高値となった。1970年代に入って経済成長率が鈍化すると、鉄道貨物は絶対量でも減少し始める。

交差した新幹線と貨物輸送

にもかかわらず、1972年に首相となった田中角栄は、同年出版の『日本列島改造論』（日刊工業新聞社）で、高度成長があたかも永遠に続くかのような調子で、国鉄貨物輸送力拡大をぶち上げる。

> 六十［1985］年に予想される貨物輸送量は低く見積っても一兆三千二百億トンキロであり、四十四［1969］年度にくらべて四・二倍の規模である。…ところが、現在の鉄道の輸送能力は最大限にみて六百億トンキロにすぎない。…トラックで運びきれない貨物輸送量を鉄道に切替えるには、いまの鉄道の貨物輸送能力を四・六倍に拡大しなければならない。そのためには、まず全国新

幹線鉄道を九千キロメートル以上建設し、これによって浮いた在来線の旅客輸送力を貨物に切替え…主要線区の複線電化、複々線化、駅間距離の整備によって…トラックと合わせてほぼ六千六百億トンキロの輸送量をさばける計算が成り立つ。

田中首相によれば、国鉄貨物輸送量は「低く見積っても」１９８５年に２、７６０億トンキロ（＝６００億トンキロ×４・６）になるはずであった。ただし、こうした高度成長永遠論に基づく鉄道貨物の激増予測は田中独自のものではなく、高度成長期の「常識」であった。田中が首相に就任する前、鉄道省出身（１９２４年入省）の佐藤栄作が首相だった１９６９年に発表された「新全国総合計画」（以下、「新全総」）は、まさに日本列島改造計画であり、『資料　新全国総合開発計画』によれば、「新幹線鉄道網による全国的な旅客輸送の充実によって、国鉄在来線を効率的な高速貨物輸送に活用する」という田中と同じ発想で、１９８５年度の国鉄貨物輸送量は１、２３０億トンキロと予測された。むしろ、田中の列島改造論は新全総の実現を目指したものと捉えることもできる。

国鉄も、１９７３年９月に成立した国鉄財政再建法に基づく再建計画で、再建が完了する１９８２年度の貨物輸送量を新全総１９８５年度予測値と同水準の１、４１９億トンキロと想定した。１９７２年度実績５８６億トンキロの２・４倍である。

輸送量は最盛期の３分の１に

しかし、図表８・２に示したように、１９７０年代以降、輸送量減少は止まらず、分割民営化直前の1986年度には201億トンキロと、最盛期の3分の1となってしまったのである。

田中首相の言葉にあるように、新幹線建設は、高速化というよりも、既存在来線利用を貨物に譲るための複々線化であった。そして、1973年11月に決定された整備計画も、その前提に立っていたのである。

現実には、貨物輸送量激減で整備新幹線が計画された路線では在来線の輸送力があり余り、しかも、航空機利用や高速道路の普及もあって、都市間旅客輸送量が減少し、新幹線を造っても当初の想定よりはるかに少ない利用者しか期待できない状況となる。国鉄末期から分割民営化後当初は、政府も正気を取り戻し、新幹線建設に慎重であった。ところが、JR各社の業績が予想以上に好調だったこともあって、結局、整備新幹線建設が着々と進行する。そして、開業後はガラガラになる並行する在来線はJR各社から切り離されることとなった。

ちなみに、輸送密度でみると、2022年9月に部分開業した西九州新幹線（武雄温泉・長崎間）の場合、新全総における1985年度久留米・長崎間予測値3万人に対し、開業初日こそ1万人を超えたけれども、開業から6カ月間の平均は7千人に満たず、国鉄時代の幹線の基準8千人を下回っている。とはいえ、全線開業すれば輸送量は大幅に増えるという反論があるだろう。

では、すでに全線開通した九州新幹線の輸送量をみてみよう。新全総の1985年度予測値、博多・熊本間7・3万人、熊本・鹿児島間2・8万人に対し、2019年度実績はそれぞれ2・7万人、1・2万人でしかないのだ。これではタダでもらっても――実際、JR九州は両新幹線とも建設コストをほとんど負担していない――、将来のインフラ維持更新を運賃料金ではまかなえない。その時が来たら、また税金がつぎ込まれるのであろうか。

貨物輸送はビジネスベースがコンセンサス

旅客輸送と異なり、鉄道貨物輸送がビジネスベースで行われなければならないことは、国鉄改革においても、当然の前提となっていた。国鉄再建に取り組む監理委は、1984年8月に発表した「第二次緊急提言」で、「貨物輸送は、旅客輸送と比較した場合、同じ鉄道事業ではあっても、事業運営の実態や営業活動面はもちろんのこと、経営理念の面においても、基本的には経済合理性にのっとり市場原理に基づいて行動しなければならないという側面がより強いという点において、大きな差異が見受けられる」とし、「独立した事業として成り立ち得るという実体を備えることが不可欠の前提である」としていた。

しかし、貨物輸送はローカル線と並ぶ国鉄財政赤字の大きな要因であり、監理委発足直前の1982年度の経営成績でみると、収入2、855億円（運輸収入2、673億円）に対し総原価は10、371億円で7、516億円の赤字、個別費4、751億円でみても2、884億円の赤字であった。営業係数は総原価ベースで363、個別費ベースでも201であった。国鉄貨物部門がビジネスとして成り立つ可能性はないようにみえた。一方、旅客輸送は総原価ベースで営業係数が123であり、経営効率化による収支均衡が現実的目標と考えられていた。

伊藤JR貨物元社長が指摘しているように（『鉄道貨物』）、1982年7月に自民党が発表した「国鉄再建のための方策」の（最終的に修正された）原案では「貨物廃止を前提とする」とされていたのである。監理委・運輸省も国鉄貨物が全廃された場合の影響を検討し、「トラック台数の増加規模、道路容量・輸送ルートの障害程度、危険物等転換不能な貨物はあるか、交通事故・公害面に問題は生じないかなどについて検討したが、結論的には当時の国鉄貨物輸送のシェアでは物流面はもちろん、社会的、経済的にも大きなインパクトは与えるものではなかった」としていた（運輸省「国鉄改革の記録」）。

それでも貨物継続にこだわった国鉄

それでも、国鉄は貨物輸送を続けることに強くこだわり、1983年6月に発表した「新しい鉄道貨物営業について」で、輸送システムを全面的に直行輸送方式に転換する方針を明らかにし、「鉄道貨物輸送の存廃すら論議の俎上に上っている今日…この改善策が国鉄貨物営業にとって後のないものであることをご認識いただき特段のご理解とご協力をお願い申し上げます」と不退転の決意を表明した。国鉄経営陣が分割に反対し、全国1社体制での生き残りを図ろうとするなか、1984年12月25日の監理委第87回会合に呼ばれた国鉄貨物の責任者須田常務理事（のちにJR東海初代社長）は、まさに懇願するように旅客と一体で国鉄貨物の継続を訴える。それに対し、国鉄貨物に批判的だった元運輸事務次官住田委員（のちにJR東日本初代社長）は突き放すようにこう述べる。

国鉄が［昭和］39［1964］年から赤字になったときに、貨物の赤字が大きいという人はたくさんいた。国鉄は最近は別として、全く合理化をしないできた。それは旅客におんぶしたことが理由だと思う。一本でやるとまた旅客におんぶするというおそれがある。
過去ああいういい加減な経営をやってきたという反省はないのかね。

それに対し須田常務理事は以下のように言うしかなかった。

いい加減とは私共必ずしも申し上げたくないが、時代の流れに遅れたという反省はある。それとこうなったら、本体［旅客］におんぶする能力もないし、負担もそう重いものではないから、あのときの轍をくり返すことにならないと思う。お互い新しいコマーシャルベースでやっていけると思う。

残念ながら、後ほど述べるように、住田氏の懸念は的中する。

批判のなか分離独立して再出発

政府・監理委の分割民営化に反し、国鉄が全国1社体制での改革を主張した「基本方策」を1985年1月に公表した後、監理委は3月28日の第103回会合で貨物問題を議論する。そこでは、貨物の旅客からの分離に抵抗する国鉄の方針が厳しく批判される。以下はそのやりとりの一部である。

［林淳司事務局次長（1957年入省、のちに運輸事務次官）］

国鉄の案ではアボイダブルコスト［後述の回避可能経費］といっても、旅客会社に負担を水増ししている。輸送量は多く見積もっている。

［加藤寛委員（慶應義塾大学教授）］

そうすると、分離しなくても結局重荷になってつぶれてしまい廃止したほうがいい。すると分離・独立しても廃止してしまう可能性が強いのか。それとも何とか分離すれば立ち直れるということなのか。

［林次長］

分離・独立してぎりぎりの経営の方をやった方が、立ち直れる可能性があるということだ。

［加藤委員］

一緒にしたらどうせダメになるよ。しかし、分離してやれるところまでやって、立ち直れたらもうけものだ。ダメになったらもうあきらめろという最終的な最後の努力ということだろうな。

最後は亀井正夫委員長（住友電工会長）が以下のように総括した。

今日の結論は、貨物は分離する。その理由は結局分割民営化という路線に沿って、経営責任を明確にするということと、コスト意識を明らかにし、コストの低減を図り、物流上の貢献をするという点を確認したということになろう。

さらに、1985年6月21日に中曽根首相が仁杉国鉄総裁らを解任する2日前の19日に開かれた監理委懇談会で、林次長は「貨物の赤字は面倒みない。赤字ならやめろという」と断言している。

黒字化という「奇跡」が起きた

大幅な赤字が続いていた国鉄貨物が、旅客から切り離されたうえで、単独で収支均衡することは不可能にみえた。しかも、三島会社と違い、ＪＲ貨物は本州３社同様、ビジネスとして成り立つと主張する以上、当然ながら資産見合いの債務を負い、利払いまでせねばならないのだ。ちなみに、国鉄最後の１９８６年度、個別費ベースで貨物は８９１億円の赤字であった。

ところが、国鉄改革関連法案の審議にあたって、１９８４年10月３日に衆議院国鉄改革特別委員会に、債務を１、６００億円引き継ぎ、利子を１１５億円支払っても、初年度の１９８７年度は16億円の経常利益が出るという経営見通しが提出されたのである。最終的に、資産評価額を下げ、見合いの債務を９４４億円に減らしたうえで、経常利益が17億円出るという見通し（１９８７年３月３日評価審査会配布資料）で、ＪＲ貨物はスタートする。そして、「専ら経済合理性に即して事業を行う営利会社であるべき」（１９８４年11月15日監理委第82回会合資料）とされたＪＲ貨物最初の１９８７年度の経常利益は、予測を上回る59億円であった。

なぜ、このような「奇跡」が起こったのか。まず、当初、国鉄から引き継ぐとされた資産３、１９６億円が１、６３２億円に半減され、それに合わせて債務が２、５０８億円から９４４億円とほぼ３分の１に軽減されたことで、減価償却費と利払いが大幅に減少した。

そして、ＪＲ貨物が発足以来、今日まで「営利会社」として存続できている最大の要因は、ＪＲ旅客会社が保有する線路を借りて、貨物列車を運行するという基本的枠組みにある。この仕組みの下では、ＪＲ貨物はインフラの維持更新コストを直接負担しない代わりに、旅客会社に線路使用料を支払う必要があるけれども、その算定方法次第で損益は大きく上下するのだ。

「奇跡」を起こした本当の理由

旅客から分離された貨物会社が発足当初から赤字を計上することは、政治的に許されない。そのため、「発足時点から当分の間は、限界費用（理論上の回避可能経費）に適正利潤を加えたものをレール使用料とする」（1985年6月19日監理委懇談会資料「貨物部門の取扱いについて」）こととされた。ある事業の回避可能経費（アボイダブルコスト）とは、その事業を行わなければ発生しないコストである。「適正利潤」は経費のわずか1％程度（運輸省「新しい貨物鉄道会社のあり方について」1985年11月）とされたので、事実上、線路使用料＝回避可能経費となった。

国鉄末期には旅客が本業で、貨物は副業となっており、監理委は1983年8月の「第一次緊急提言」で、国鉄貨物が1987年度までに回避可能経費ベースで収支均衡することを求めていた。ただし、この時点ではあくまで客貨一体の国鉄としての目標であった。ところが、JR体制になって貨物が旅客から切り離され別事業体となっても、この考え方が継承される。線路の貸し手であるJR旅客会社からみれば、貨物輸送がなければ回避できたコスト、つまり借り手であるJR貨物が使用することによって追加的に発生するコストに相当する分だけ負担すればよいとされたのである。

本来は、貨物輸送がなければ旅客会社が享受できたであろう追加的利益も回避可能経費に加えなければならない。貨物列車が走らなければ、旅客会社は列車を増発できるので、それによって生じる（追加発生経費を引いた）ネットの収益が得られたはずである。収益機会が貨物輸送によって失われ

図表８・３　国鉄末期・JR貨物輸送量実績

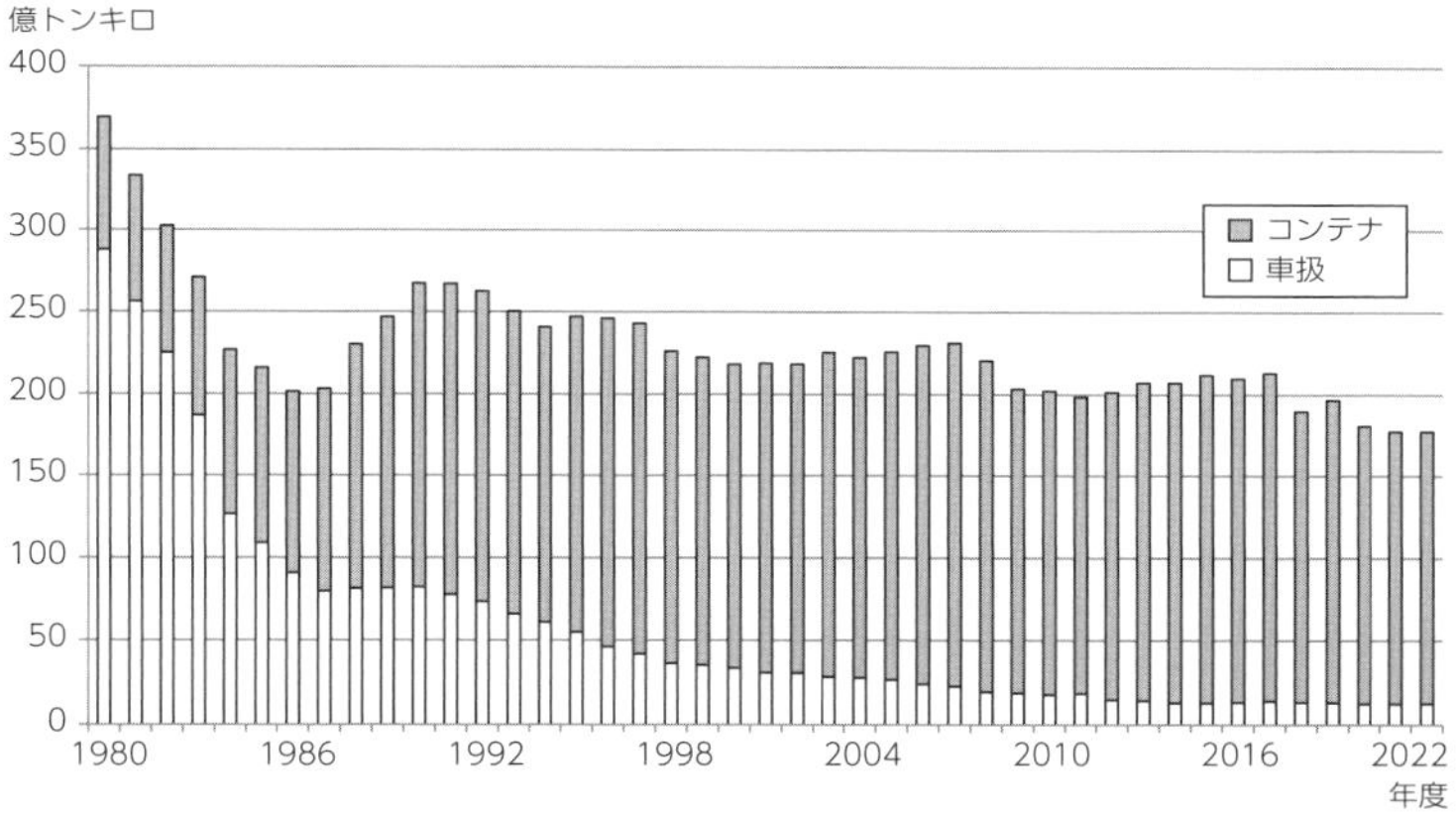

たのだから、旅客会社にとっては収益がマイナスになるという意味で、やはり回避可能なコストである。しかし、この旅客会社の得べかりし収益は線路使用料算定にあたって考慮されていない。

とにもかくにも、国鉄貨物業務はＪＲ貨物に引き継がれ、輸送量は図表８・３に示したように、国鉄最後の１９８６年度の２０１億トンキロを底に、バブル景気に乗って増加し、１９９０・１９９１年度には１９８３年度と同レベルの２６７億トンキロに達したものの、勢いは続かず、再度減少に転じ、コロナ前まで近年は元の木阿弥で、２００億トンキロ前後の水準で推移していた。ただし、２０２２年度は１７７億トンキロまで減少している。２０１９年度輸送量でみると１９７億トンキロで、ＪＲ貨物発足時と輸送量自体に大きな違いはないものの、かつては大きなシェアを占めていた車扱（石油タンク車など）が激減し、コンテナ輸送がほとんどとなっている。なお、自動車貨物輸送量が２０２１年度以降回復基調にあるのに、鉄道貨物輸送量は２０２０年度に落ち込んだ水準のまま推移しているので、ここ３年間の輸送量減少はコロナ禍が主な原因とは言いがたい。

30年以上に及んだ「当分の間」

輸送量はＪＲ体制発足前後と変わらない一方、図表８・４で示したように、運輸収入は１９８６年度の１，６６１億円に比べ、２０１９年度は１，２３９億円に３割程度減少した。これは、トンキロ当たりの収入（実質賃率）が８・２円から６・３円に減少したことを反映している。それでも、鉄道営業損益は25億円の赤字に収まっており、２０１７年度は６億円の黒字になっている。

この間、当初１３９億円だった線路使用料は、輸送量が一時的に増加し運輸収入が最高を記録した１９９１年度の翌１９９２年度に２００億円を超えたものの、ＪＲ貨物が線路使用料を開示した最後の年度である２０１７年度は１８２億円、２０１９年度は１９４億円となっている（２００１年度以前、２０１８年度以降はＪＲ旅客会社線路収入の合計）。この２００億円弱という線路使用料の水準が回避可能経費に見合うものか否かを判断するうえで、決定的に重要であるにもかかわらず、必ずしもよく理解されていない点がある。

それは、回避可能経費すなわち経済学でいう限界費用に含まれるべき経費は、想定する事業期間に依存して変わってくるということである。数年程度の「当分の間」だけを想定するのであれば、鉄道のようなインフラ事業の場合、会計上は費用に計上されても、そのほとんどが貨物輸送を止めてもかかるコストなので、回避可能経費は多くない。しかし、想定する期間が長期、たとえば30年となれば、

図表8・4　国鉄・JR貨物経営成績

年度	1982	1983	1984	1985	1986	
輸送量（億トンキロ）	302	271	227	216	201	
車扱	225	187	126	109	91	
コンテナ	77	84	101	107	111	
収支（億円）						
貨物収入	2,855	2,503	2,096	1,983	1,825	
運輸収入（車扱＋コンテナ）	2,673	2,315	1,903	1,840	1,661	
損益（個別費ベース）	△2,884	△2,891	△1,777	△1,652	△891	
損益（総原価ベース）	△7,516	△7,451	△6,018	△6,039	△4,465	
トンキロ当たり収入（円）	8.8	8.5	8.4	8.5	8.2	

	1987	1990	1991	1992	2001	
輸送量（億トンキロ）	203	267	267	262	219	
車扱	80	82	78	74	31	
コンテナ	123	185	189	189	188	
収支（億円）						
運輸収入（車扱＋コンテナ）	1,568	1,860	1,946	1,914	1,305	
線路使用料	139	175	174	207	169	
鉄道営業損益	112	113	67	56	26	
単体経常損益	59	74	20	2	3	
トンキロ当たり収入（円）	7.3	6.0	5.8	6.0	6.3	

	2017	2018	2019	2020	2021	2022
輸送量（億トンキロ）	213	190	197	180	177	177
車扱	14	13	13	12	12	12
コンテナ	199	176	184	168	165	165
運輸収入（車扱＋コンテナ）	1,228	1,136	1,239	1,154	1,153	1,151
線路使用料	182	175	194	190	170	165
鉄道営業損益	6	△62	△25	△91	△107	△162
単体経常損益	91	30	72	1	△12	△63
連結経常利益	105	45	90	14	3	△44
トンキロ当たり収入（円）	5.8	6.0	6.3	6.4	6.5	6.5

その間にインフラの維持更新が必要であり、退職する人員の補充も必要となる。その際、貨物輸送を行うために、旅客会社は追加的にコストをかけなければならない。こうしたコストは長期では回避可能経費である。

具体例として、旅客輸送だけなら単線で十分な輸送量でも、貨物輸送のために複線を維持しなければならない場合、その分の維持更新コストは旅客会社にとって、貨物輸送がなければ、すべて回避可能である。また、貨物輸送があるため路線廃止できないとすれば、その路線にかかるコスト（マイナス旅客収入）はすべて回避可能経費である。要するに、短期で考えるのと長期で考えるのでは、回避可能経費は大きく違ってくるのだ。初歩の経済学の教科書にも必ず書いてある、短期限界費用と長期限界費用の違いである。

国鉄改革時に「当分の間」を時間軸として設定された回避可能経費算定方式は今日も基本的に大きく変わっておらず、30年以上経った現時点では、線路使用料の大幅な過少算定をもたらす。仮に当初設定された算定方式が「当分の間」の回避可能経費に対応したものであっても、30年の時間軸でみれば、「当分の間」なら回避不可能であった多くの経費は貨物輸送が存在しなければ回避可能であり、旅客会社が実際に負担した貨物輸送の回避可能経費が２００億円弱ということはあり得ない。

この初等的経済学に基づく不都合な真実が露呈したのが、整備新幹線開業に伴う並行在来線のＪＲからの切り離しであった。

再び交差した新幹線と貨物輸送

国鉄時代と異なり、新幹線開業で利用者が大きく減少する並行在来線は、沿線自治体が中心となって設立される三セク鉄道として、JRから独立することとなったので、JR貨物は列車運行を続けるかぎり、JR旅客会社からではなく、三セク鉄道から線路を借りなければならない。

三セク各社は、従来の算定方式に基づく線路使用料では少なすぎるという当然の主張を行い、その結果、営業キロ当たりでみれば、文字どおり桁違いの額を受け取っている。2019年度の数値でみると、三セク路線のうちJR貨物輸送の大動脈に当たる金沢・直江津間と盛岡・青森間、木古内・函館（五稜郭）間を合わせて419キロに対し、124億円なので、1キロ当たり30百万円となる。

一方、JR旅客会社は、JR貨物が使用する約7千キロに対し、194億円なので、1キロ当たり2・8百万円。ただし、JR各社への線路使用料は、そのほとんどが山陽・東海道・東北線（福岡－大阪－東京－青森－札幌）と日本海縦貫線（大阪－青森）を合わせた約3千キロでの貨物列車運行に対応するものなので、こちらを分母に用いれば、1キロ当たり6・5百万円となる。

なぜ、輸送量が伸び悩み、経営が苦しいはずのJR貨物が、三セクの線路使用料増額に応じられたかといえば、それは自ら支払っていないからである。国交省は、「経営分離された並行在来線を運営する鉄道事業者…の経営環境は厳しいことから、使用実態に応じた線路使用料を確保することが必要。一方、JR貨物の負担増を回避する必要もあることから、差額相当分を調整金としてJR貨物に交付」していたのである（国交省ウェブサイト掲載「貨物調整措置のスキーム」）。この貨物調整金は2020年度までの10年間で1、000億円、年平均100億円であった（同「日本国有鉄道清算事業団の債務等の処理に関する法律等の一部を改正する法律案について」２０１１年2月8日)。同様の処置がさらに10年間延長され今日に至っている（同２０２２年8月26日付文書「独立行政法人鉄道建設・運輸施設整備支援機構の見直し」)。

この国交省の説明には「語るに落ちる」と言わざるを得ない。国鉄改革にあたり「専ら経済合理性に即して事業を行う営利会社であるべき」とされたＪＲ貨物は、ビジネスとして成り立っているかのように見せかけるため、使用実態に応じた線路使用料をＪＲ旅客会社には支払わず、正当な対価を要求する三セク鉄道への支払は、国（正確には、鉄道建設・運輸施設整備支援機構（以下、「鉄道・運輸機構」））に肩代わりしてもらっているのだ。

ＪＲ貨物が「当分の間」ではなく、ゴーイングコンサーンとして事業を継続するのであれば線路使用料をいくら払うべきか。東海道線等主要路線は三セク路線並みキロ当たり使用料として９００億円（＝2百万円×4千キロ）、それ以外の路線はキロ当たり2百万円とすれば80億円（＝30百万円×3千キロ）、で合わせて1、０００億円程度。また、筆者がＪＲ旅客会社とＪＲ貨物の経費データから推計したところ、７００億円程度となった。したがって、ＪＲ貨物は線路使用料を７００～1、０００億円程度、すなわち実際の支払額よりも５００～８００億円程度多く支払う必要がある。逆からいえば、ＪＲ旅客会社（主に本州3社）は毎年、ＪＲ貨物に同額の見返りなき便宜供与を行っていることになる。

これに本来ＪＲ貨物が負担すべき三セク鉄道（8事業者）貨物調整金１３１億円を加えると、２０１９年度鉄道営業損失は６００～９００億円程度、経常損失は５００～８００億円程度となる。ここでの推計はあくまで大雑把なものではあるけれど、ＪＲ貨物がＪＲ旅客会社に適正な線路使用料を支払えば、少なくとも数百億円規模の赤字となることは疑いない。残念ながら、民営化による「奇跡」は起こらず、まさに前述の住田氏の懸念した「旅客におんぶ」する状態となっているのである。

ＪＲ貨物に必要なのは「終活」

伊藤ＪＲ貨物元社長によれば、「国鉄改革時にＪＲ貨物の経営はどうせ相当な赤字を出すことになるだろうから、その際、日本の鉄道貨物輸送をやめることはせずに、各旅客会社に分割してつなげていこうという暗黙の了解があった」とされる。この了解は、線路使用料が「当分の間」を時間軸とする回避可能経費に見合うものとされたこととも辻褄が合う。しかし、30年以上経っても「当分の間」の措置がそのまま続き、貨物輸送によって旅客会社に追加的に生じるコストには到底見合わない割安の線路使用料が「相当な赤字」を隠している。ＪＲ貨物と国交省は上場を目指すとしながら、投資家が企業価値を見積るうえで決定的に重要な、この線路使用料のオープンな議論を避けているようにみえる。

現在、鉄道貨物輸送は本来かかっているコストを大幅に下回るダンピング運賃で提供されており、物流における資源配分を歪めている。とくに、ライバルであるトラックの運賃に下方圧力をかけることになるので、人手不足が叫ばれているにもかかわらず、トラック運転手の賃金上昇を妨げることになっている。コスト割れの低すぎる料金設定によって貨物が運ばれすぎるため、限りある人的物的資源が非効率な貨物輸送に浪費されることになり、環境にもマイナスである。

このダンピングを可能にしているのが、貨物列車運行でダメージを受ける鉄道インフラを維持するために追加的にかかるコストをＪＲ旅客会社が全くまかなうことができない、安すぎる線路使用料である。これは、いまだ国営のＪＲ北海道・四国はともかくとして、上場したＪＲ東日本・東海・西日本・九州の場合、旅客利用者や株主をはじめとするステークホルダーの利益を不当に犠牲にしていることを意味する。国鉄改革で貨物輸送に必須とされた経済合理性に反するのみならず、ＪＲ旅客上場４社が特定の取引先（ＪＲ貨物）にコストを大幅に下回る価格で商品（線路）を提供し続けることは、国交省に強いられているからとはいえ、極論すれば背任である。

ローカル線廃止論議の妨げにも

さらに、ローカル線の存廃をめぐって、**第５章**で詳述した国交省「検討会提言」で、「我が国全体の経済成長や地球環境問題への対応、災害対応や安全保障等の観点から重要な役割を果たして」いるので「貨物列車が現に走行しており、全国一元的な貨物鉄道輸送サービスの一部として重要な役割を果たしている線区」と「災害時や有事において貨物列車が走行する蓋然性が高い線区など、国とＪＲ各社との間で、我が国の基幹的な鉄道ネットワークを形成する線区として確認した線区」は、ほとんど旅客利用者がいなくても、廃止論議の対象外とされた。国鉄改革時に危惧されたとおり、ビジネスとして成り立っていないのに、旅客会社に「おんぶ」することで命脈を保っている鉄道貨物が、地域交通を再編する際の障害にもなっているのである。まだ今ほど高速道路網が整備されていなかった40年近く前に、データに基づき鉄道貨物がなくなっても困らないと結論付けたのは国交省の前身である運輸省ではなかったのか。

「客貨分離後においても貨物会社は、旅客会社に迷惑をかけない範囲内で、その余席を活用することにより工夫して事業を行う」（「貨物部門の取扱いについて」）という国鉄改革の基本方針に沿って、ＪＲ旅客上場４社は国交省の圧力に屈することなく、適正な線路使用料を要求すべきであり、ＪＲ貨物は適正な使用料を支払っても採算が合う規模まで縮小するか、それができないなら全面撤退すべきである。国鉄改革時、それが監理委・運輸省のみならず、国鉄貨物部門の決意でもあったはずである。前述の加藤氏の表現を借りれば、「ダメになったらもうあきらめろという最終的な最後の努力」をＪＲ貨物が行ったことは認める。しかし、やはりダメだったのである。

ＪＲ貨物に求められるのは、上場ではなく「終活」である。

第9章

有事に鉄道貨物輸送は必要なのか

安全保障の観点からの貨物維持論登場

鉄道貨物は国鉄改革時、旅客と異なりもっぱら経済合理性を追求すべきであり、ビジネスとして成り立つことが存続条件とされ、「客貨分離後においても貨物会社は、旅客会社に迷惑をかけない範囲内で、その余席を活用することにより工夫して事業を行う」という基本方針のもとに発足したのに、今日では、鉄道貨物存続が自己目的化し、旅客鉄道の特性が発揮できない極端に利用者が少ないローカル線の廃止を阻害する要因ともなっている。

こうしたなか、最近、安全保障を理由とする貨物維持論が登場した。国交省は「検討会提言」で、旅客利用者が極端に少なくても、「災害時や有事において貨物列車が走行する蓋然性が高い線区」は廃止対象としないことが適当と一切具体的証拠を示さず主張する。

具体例として、北海道新幹線札幌延伸に伴う並行在来線の存廃をめぐり、小樽・長万部間はすでにバス転換が決まったのに対し、函館・長万部間は、地元が鉄道存続に消極的であるにもかかわらず、廃線にすると貨物輸送が分断されるため、国が「待った」をかけた状態となっている。

こうした現状を伝える『読売新聞』（2022年10月15日付朝刊）は、「大量輸送に適する鉄道は、人口が減った地域でも、貨物や軍需物資を運ぶという役割がある」とする。また、2022年5月19日、国交省の会議で防衛省運用政策課長は、「有事の際に北海道の陸上部隊から戦車や弾薬を前線に輸送する手段として貨物鉄道の必要性を強調し」、5月12日の自民党整備新幹線等鉄道調査会で北海道選出議員が、函館線を念頭に「安全保障の観点からも線路を維持していく必要がある」と発言したことを伝え、「鉄道と戦争は密接に関連してきた」として、「鉄道の議論が旅客に集まるのは、平和な時代の証拠ともいえる」と結んでいる。

以下、北海道にとって鉄道貨物はなくてもたいして困らない、物流における「おまけ」であること、有事に鉄道が必要などという主張は今日では根拠がないことを示したい。

北海道に鉄道貨物は必須ではない

国交省は有事必要論とは別に、鉄道貨物は北海道の物流に不可欠として函館・長万部間を貨物専用線として残す検討を行っている（『朝日新聞』2023年4月28日付北海道版朝刊）。そこで、本当に北海道経済にとって鉄道貨物は死活的重要性をもつ存在なのか、北海道・道外間の貨物輸送に占める各輸送機関のシェアを「貨物地域流動調査」をもとに計算してみた。図表9・1をご覧いただきたい。

コロナ禍の影響があまりなかった2019年度、北海道から道外に運ばれた貨物25・6百万トンのうち、鉄道が運んだのは2・0百万トンでシェア8%、フェリーを除く海運が19・9百万トンで78%、フェリー利用トラックが3・6百万トンで14%であった。一方、道外から北海道に運ばれた貨物31・8百万トンのうち、鉄道が運んだのは2・2百万トンでシェア7%、海運が26・1百万トンで82%、トラックが3・4百万トンで11%であった。

海上輸送（海運＋フェリー利用トラック）だけでは運びきれないので鉄道を利用しているということはない。以前は、フェリー利用トラックも海運ももっと輸送量が多かったので、鉄道貨物が全廃されても北海道・道外間の物流が大きな影響を受けることはない。たとえば、2005年度は海上輸送だけで、北海道外に27・9百万トン、北海道外から35・7百万トン、すなわち2019年度全輸送量を上回る貨物を運んでいたのである。

青函連絡船時代の輸送量と比較するために、連絡船と2000年代以降の鉄道貨物輸送量の推移を示したのが図表9・2である。2019年度の輸送

図表9・1　北海道・道外間貨物輸送量

（単位：百万トン）

2019年度	北海道発		北海道着	
	数量	シェア	数量	シェア
全機関	25.6	100%	31.8	100%
鉄道	2.0	8%	2.2	7%
海上輸送	23.5	92%	29.5	93%
海運	19.9	78%	26.1	82%
トラック（フェリー）	3.6	14%	3.4	11%
航空	0.1	0.3%	0.1	0.3%

2005年度	北海道発		北海道着	
	数量	シェア	数量	シェア
全機関	30.4	100%	38.3	100%
鉄道	2.4	8%	2.5	6%
海上輸送	27.9	92%	35.7	93%
海運	23.1	76%	30.6	80%
トラック（フェリー）	4.8	16%	5.2	13%
航空	0.1	0.4%	0.1	0.3%

量4・2百万トンは、国鉄最後の1986年度の3・7百万トンより1割程度多いけれども、輸送量が最大だった1971年の8・6百万トンの半分、1965年度の6・2百万トンの3分の2の水準である。

結局、国鉄末期に国鉄再建監理委員会・運輸省が、国鉄貨物を廃止した場合の影響を検討し、全廃しても日本の物流に大きな影響を与えないと結論付けていたことを、北海道を例に再確認できたわけである。

図表9・2　連絡船・鉄道貨物輸送量推移

（単位：百万トン、パーセントは1971年度比）

1965	1971	1975	1980	1986 年度
6.2	8.6	6.1	5.0	3.7
73%	100%	71%	58%	44%
2000	2005	2010	2015	2019 年度
4.6	4.8	4.5	4.8	4.2
54%	56%	52%	57%	49%

危険物もトラックで運べると確認済

そもそも、鉄道でなければ運べない貨物というのは存在するのだろうか。実は、この点も国鉄分割民営化前に検討されている。1985年3月28日の監理委員会第103回会合では、次のようなやり取りがあった。なお、陸軍将校だった亀井委員長は1945年8月6日、広島の爆心地近くの師団司令部で朝食時に被爆し、一緒にいた将校は全員死亡、ただ1人生き残ったものの、後遺症で死線をさまよった経験を持つ。「自分の一生は本当はあのときに終わっていて当たり前、だから、それからの1年1年は何か大きな力に恵まれているという気持ちで」（『和魂洋才のすすめ　平成維新のリーダー学』竹井出版、1991年）、日本の戦後復興、国鉄改革に尽力した。

［亀井委員長］

国鉄で自衛隊のものも運んでいるようだが。

［奥西勝参事官（１９６７年入省、のちに気象庁次長）］

弾薬や油なども運んでいる。しかし、何といっても液体の化成品が一番危い。

［亀井委員長］

国鉄貨物を全廃せざるを得ないというときにcivil minimumやnational minimumの観点から危険物等を運ぶ国鉄貨物を残すべきという［こと］が出てくるかもしれない。

［奥西参事官］

逆に運輸省は危険物についても、安全基準を変え金さえかければトラックで運べるといっている。代替手段を使ったときにコスト高の分を企業が負担すべきかどうかということになる。

このように国鉄改革では、自衛隊関連の輸送についても検討されていたのである。ただし、論点となったのは自衛隊関連ではなく民生用の化成品であり、それもトラックで運べることが確認されているのだ。北海道の場合、海上輸送ということになろう。国鉄末期の貨物全廃論は、こうした細部の詰めを行ったうえでの議論であったことを忘れてはならない。

あれば使われる程度の有事鉄道輸送

全廃しても物流に大きな影響を与えないと国鉄改革時に確認され、ここで北海道に関して再確認した鉄道貨物が、災害時や有事には必要不可欠な存在なのだろうか。ここでは有事について主に議論し、災害については簡単に触れる。

有事の輸送について、補給に関する必読文献とされるマーチン・ファン・クレフェルトの『補給戦』（van Creveld, *Supplying war*, Cambridge University Press, 2004年）と、湾岸戦争の米軍補給を司ったウィリアム・パゴニス中将の『山・動く』（Pagonis, *Moving mountains*, HBR Press, 1992年）を参照しながら、今日の補給の実際をみてみたい。

まず、湾岸戦争における史上最大規模の補給では、鉄道は使われていない。飛行機あるいは船で運んだあと、現地では自動車（トラック）が利用された。「砂漠の盾作戦」最初の30日間の補給量は第二次大戦、朝鮮戦争、ベトナム戦争を上回り、人員4万人（すべて空輸）と物資16万トン（空輸4万トン、海運12万トン）が輸送された。最初の90日間計では、人員が18万人（99％が空輸）、物資が125万トン（空輸18万トン、海運107万トン）に上った。最終的に運び込まれた車両は13万台に及び、陸揚げされたコンテナは3万個あまり、一列に並べたら300キロメートル。輸送経路上の一地点では1分間に18台のトラックが通過する状況が1カ月続き、パゴニス中将は道路の反対側に渡るため、ヘリコプターを使わざるを得なかった。

もちろん、現地に鉄道があれば利用されたであろう。パゴニス中将も、冷戦時に主戦場と想定されていた東欧では、鉄道利用が計画されていたと記している。しかし、鉄道はあれば利用されるにしても、必須ではなく、実際、米国や欧州NATO基地から遠く離れた中東の地で戦った米軍は鉄道なしで、これほど大規模な補給をやり遂げたのである。とくに物資に関しては、主に船で拠点まで輸送されたあと、自動車で最終目的地まで運ばれた。

そもそも、米国や欧州大陸諸国で鉄道貨物が物流において日本より大きなシェアを占めているのは、海運が利用できないからである。一方、島国かつ工業地帯が海岸部に集中している日本では、欧米で鉄道が運んでいる貨物は船が運んでいるのだ。それは平時も有事も変わらない。

ファン・クレフェルトが指摘しているとおり、鉄道は自動車に比べ柔軟性に乏しく、敵の標的になりやすい。当たり前ながら線路があるところにしか運べない。一方、平時から道路は面状に整備され、有事には工兵（施設科）部隊が新たに短期間で道路を作ることも可能である。鉄道は破壊された後の復旧も道路に比べ時間とコストがかかる。1カ所でも破壊されたら輸送は中断され、迂回することも困難である。鉄道ほど有事に脆弱な輸送手段はないのだ。

自動車大国にとって鉄道頼みはナンセンス

なぜ日本で有事と鉄道が結び付けられがちなのかといえば、それは日本人が、いまだ戦争といえば、80年も昔の第二次大戦を思い浮かべるからであろう。当時、圧倒的な工業力を誇った米国以外では自動車はそれほど普及しておらず、日本だけでなく欧州諸国も、戦時の輸送に鉄道を利用せざるを得ない状況にあった。意外に知られていない事実として、欧州最先端とされたドイツ陸軍でさえ、鉄道が利用できない場合の物資輸送の主力は馬であり、兵士はもっぱら歩いて移動した。独ソ戦でドイツ兵は自らの足でモスクワまで進軍し、再度ドイツまで歩いて退却したのである。第二次大戦で馬力・人力に頼ることなく戦えたのは米軍（とその支援を受けた英軍）だけだったのだ。

災害時の輸送に関しても、やはり鉄道ほど脆弱な輸送手段はないといえる。日本で大きな自然災害に見舞われたとき、比較的すぐに復旧し被災地復興に向けた輸送に活用される道路に対し、被害を受けた線路は、再び利用できるようになるまで時間がかかるのが通例である。開通まで長期間にわたって、線路復旧のため人的物的資源を割かねばならず、復興の足を引っ張ることになる。道路は多少がれきが残り、穴があいていても利用できる。災害がなくとも、普段から米国では道路が日本ほどきちんと整備されない状態で利用されている。一方、線路は完全に直すまで利用できないし、車両基地の配置やメンテナンスの問題があるので部分開業も簡単にはできない。

有事や災害を口実にした鉄道維持論は、自動車大国となった島国日本にとって、ナンセンスというしかない。自衛隊もそんなことはわかっているであろう。旧日本軍にならって、まだ道路が未整備だった１９６０年に発足させた鉄道部隊（第１０１建設隊）を、モータリゼーションが進むなか、自衛隊はわずか６年後の１９６６年に廃止している。

青函トンネルの上に原子力潜水艦

筆者が有事対応を理由とする鉄道貨物維持論がまやかしだと考えるのは、すでに拙著『鉄道は生き残れるか』で10年以上前に指摘した、鉄道利用者が軍事的危険にさらされている事案が等閑視されているからでもある。それは青函トンネルが領海ではなく公海の下を通っていることである。以下、前著刊行時と異なり、有事における鉄道が活発に議論されるようになった現状を鑑み、津軽海峡が公海となっている問題点を、再度、取り上げる。

日本政府は「非核三原則」を国是とし、同盟国である米国の軍艦であっても、核搭載艦の寄港・領海通過は認められないことになっている。しかし、我が国の思いどおりになるはずもない国際政治の苛烈な現実と「国是」の辻褄合わせのため、青函トンネルが通る津軽海峡は日本の領海から除外されている。トンネルを通過する新幹線も貨物列車も、公海の下を走っているのだ。

国連海洋法条約の下、領海が領土から12カイリの範囲に統一され、かつては3カイリだった日本の領海も当然ながら海岸から12カイリとなるはずなのに、日本政府は一部海域でいまだ例外として3カイリを領海としている。そうした海域の1つが津軽海峡であり、本来ならば、最も離れたところでも両岸から12カイリもない津軽海峡は、すべて日本の領海に入るはずである。ところが、津軽海峡には3カイリの例外が適用されており、本州と北海道の間には日本の領海ではない公海が存在している。なぜわざわざ領海を「自主的」に縮小するという、国益を害するとしか思えない権利の制限を我が国政府は行っているのか。外務事務次官・駐米大使を歴任した村田良平氏（２０１０年死去）が生前、明快にその理由を語っていた（『海が日本の将来を決める』成山堂書店、２００６年）。

私は、日本政府は核兵器を積んだ軍艦が領海を通過することは核の持ち込みであるとの立場をとってしまったものですから、この原則との整合性を保つため一定の海峡の領海を広げなかったものと考えています。

国民の安全より虚構の維持を優先する政府

公海である津軽海峡は、同盟国である米国だけでなく、日本とは政治的・軍事的に対立するロシアと中国の軍艦も利用している。国際法の原則に従えば、領海でも軍艦を含む外国艦船の通航を認めねばならない。ただし、潜水艦は浮上して、いわゆる「無害通航」をしなければならない。ところが、国連海洋法条約作成の過程で、軍事大国の既得権益を守るため、無害通航とは別に国際慣習法にはなかった「通過通航」という概念が導入され、領海であっても国際海峡では、潜水艦には潜航したままの通過通航が認められることとなったのである。

現在、軍事大国の潜水艦は原子力が常識であり、領海を12カイリとすると国際法上合法的に、核兵器搭載のものも含め原子力潜水艦が、領海となった国際海峡を潜航したまま通過することができる。日本政府は津軽海峡を公海にすることで、海上でも海中でも、非核三原則を「死守」したのである。

原子力発電所の下に新幹線を走らせる計画に賛成する国民がいるだろうか。ところが、外国原潜が潜航する津軽海峡の下に、青函トンネルが開通（1988年）して30年以上経ち（海洋法条約批准は1996年）、2016年には新幹線も通るようになったのに、いまだなんら対策は打たれていない。

確かに、津軽海峡を領海に組み入れたとしても、通過通航が国際法上認められる以上、潜航したままの原子力潜水艦の海峡通過を認めざるを得ない。中露原潜は核兵器を搭載していなくても、米原潜に比べ安全性が低いことは周知の事実であり、深刻な事故が生じたことが何度か報道されている。津軽海峡での原潜事故は「想定内」の事態である。とはいえ、領海であれば、事故が起った場合の賠償責任を強化する法整備などを我が国だけで行うことができ、一定の牽制効果が期待できる。

領海は領土に等しく日本の主権が全面的に及ぶ領域であり、［津軽海峡を含む］五つの海峡を、自ら誤った政策をとった結果として一二海里へ拡げなかったことは、領土を放棄したに等しく、速やかに非核三原則の第三原則を廃止し、五海峡のうち、日本領土である部分は領海を一二カイリに広げ、その代り「国際海峡」制度を受け入れるべきだと考えます。

この村田元次官の提言を無視し続けておきながら、政府や自民党が今さら貨物維持に有事を持ち出しても、ためにする議論と思わざるを得ない。そもそも有事に公海下の青函トンネルが攻撃対象にならないとでも思っているのだろうか。

それでも鉄道貨物を維持するのなら

あくまでビジネスとして成り立つという前提で、どうしても北海道・道外間の鉄道貨物輸送を維持する必要があるというのであれば、国交省も検討していた室蘭・青森間のフェリー輸送が唯一の選択肢であろう。

海上輸送に関しては、ＪＲ貨物の青函トンネル利用を正当化するため、国交省は表向きフェリー輸送のデメリットを強調する。しかし、出身地である北海道の鉄道事情に精通し、国鉄末期に北海道総局総合企画部長を務め、当初ＪＲ北海道に行く予定だった松田ＪＲ東日本元社長は、生前、青函トンネルの新幹線・貨物共用を「愚の骨頂」と批判し、コンテナ化が進んだことから軽量化が可能となった船舶を利用した、函館・青森間の青函連絡船復活を提言していた（『産経新聞』２０１６年12月31日付朝

図表９・３　連絡船運休事由（1970～1976年度）

	1970	1971	1972	1973	1974	1975	1976	合計
計画運航回数	19,379	19,597	19,997	20,032	20,008	19,914	19,954	138,881回
運航	97.8%	98.1%	92.8%	88.5%	91.8%	90.0%	91.8%	92.9%
運休計	2.2%	1.9%	7.2%	11.5%	8.2%	10.0%	8.2%	7.1%
船舶事由	0.4%	0.3%	0.6%	0.9%	1.5%	1.9%	1.0%	0.9%
事故	0.1%	0.1%	0.0%	0.0%	0.1%	0.1%	0.2%	0.1%
天候障害	0.3%	0.2%	0.5%	0.5%	0.7%	0.1%	0.5%	0.4%
その他	0.0%	0.0%	0.0%	0.3%	0.7%	1.7%	0.3%	0.4%
陸上事由	1.8%	1.5%	6.7%	10.6%	6.8%	8.1%	7.2%	6.1%
事故	0.2%	0.1%	0.4%	0.1%	0.6%	0.3%	0.5%	0.3%
天候障害	0.6%	0.2%	0.5%	3.2%	3.3%	2.3%	4.0%	2.0%
輸送都合	0.9%	0.8%	0.3%	3.0%	0.5%	0.6%	1.7%	1.1%
その他	0.0%	0.5%	5.5%	4.3%	2.4%	4.9%	0.9%	2.7%

刊）。函館の代わりに室蘭を北海道側の拠点とすれば、室蘭・函館間のみならず、青函トンネル利用の函館・青森間の輸送が不要になるので、鉄道輸送時間は合わせて６時間短くなる。したがって、船舶利用に切り替えることによって、トータルの北海道・道外間所要時間はそれほど増えないはずである。

海が荒れると欠航せざるを得ない船舶に比べ、鉄道は輸送の安定性で勝るという主張がある。実際はどうなのか。幸い、１９７８年に国鉄青函船舶鉄道管理局が発行した『航跡』には青函連絡船の欠航状況の詳細なデータが掲載されており、それをもとに１９７０年度から１９７６年度の計画運航回数（客貨船・貨物線合計）と事由別運休率を計算したのが図表９・３である。

船舶側の天候障害による運休率は各年度とも１％未満で、７年間合計で運休率全体７・１％のうち、わずか０・４％でしかない。その他の事由を合わせても船舶事由は７年間合計で０・９％、運休の大半は陸上事由6・1%が占めている。陸上事由の天候障害は主に雪害であり、輸送都合は出荷減による運休貨物列車を指している。貨物輸送量の減少で、輸送力が余っていたのである。青函船舶鉄道管理局の手前味噌の感もあるけれど、「国鉄は他の乗物の対して高い安全率を誇っているが、そのなかで青函連絡船は、陸上に比べてはるかに安定、安全な乗り物である」。今日では、船舶の性能も上がり、より安定的な貨物連絡船運航が期待できる。

北海道に限らず、旅客輸送と異なり、貨物輸送はもっぱら経済合理性に基づきビジネスベースで行うというのが、国鉄改革にあたってJR貨物に課せられた使命であった。ここまで述べてきたように災害や有事を理由にした貨物維持論に根拠はない。にもかかわらず、貨物輸送のために、JR貨物以外の負担で大赤字の路線を維持するなど本末転倒も甚だしい。貨物輸送を続けたければ、JR貨物が自らの責任で維持するしかない。もちろん、JR旅客会社の「支援」を前提とした現行のコスト割れダンピング運賃の適正化が必須である。

経済合理性以外に鉄道貨物の存続を正当化できる理由はなく、ビジネスとして成り立たないのであれば、かつて隆盛を極めた炭鉱同様、消えてゆくべきなのである。

第4部　新幹線幻想とＪＲ６社の現実

鉄道の老後 ● 鉄道貨物

終章
鉄道の老後
――輸送手段へ回帰せよ

第３部
さらば鉄道貨物

Honest criticism is the highest form of flattery.
James Otteson

第10章　ＪＲ九州は新幹線を自力で維持更新できるのか―最後は税金頼み？

第11章　ＪＲ四国は「新幹線を持たない強み」を活かせ―大きな「中小私鉄」へ

第12章　ＪＲ北海道を三分割せよ―ローカル線・新幹線・貨物という三重苦からの脱却

第13章　ＪＲ本州３社の生きる道―コロナ後の旅客鉄道

第10章

ＪＲ九州は新幹線を自力で維持更新できるのか

―最後は税金頼み？

新幹線が負の遺産になる前に

新たな新幹線建設を求める声が各地で大きくなるなか、地元自治体が建設に反対するという、これまでになかった「異常」事態が起きている。すでに武雄温泉・長崎間が部分開業した西九州新幹線の残りの区間である新鳥栖・武雄温泉間の整備が、佐賀県の反対で前に進まないのだ。

「与党 整備新幹線ＰＴ九州新幹線（西九州ルート）検討委員会」が２０１９年8月に、佐賀県内の新鳥栖・武雄温泉間を「フル規格」で整備する基本方針を決定したのに対し、佐賀県の山口祥義知事は、過去に合意したのは在来線を使う「スーパー特急」や「フリーゲージトレイン」、「リレー方式」の３つとの立場を表明した。佐賀県のウェブサイトによると、山口知事は２０１９年1月18日、県の意見として、与党検討委員会の山本幸三委員長との会談で、次のように述べている。

平成34年度（2022年度）の武雄温泉駅での対面乗換方式による開業後の西九州ルートの整備のあり方について、特にフル規格は、財源の問題だけではなく、在来線、ルート、地域振興など複合的な問題があり、受け入れられない。

新幹線は、地域振興と密接に関係するものであり、地元の意思、佐賀県の意見、佐賀県民の意見が十分尊重されるべきものである。

その後、佐賀県と国交省の間で「幅広い協議」が始まったものの、佐賀県は「フル規格による整備は受け入れられないので、基本方針で求められている「フル規格による整備を実現するための協議」に応じることはできません」と国交省に文書で回答している（佐賀県2020年2月12日「九州新幹線西九州ルートに関する『幅広い協議』について」）。これまで7回の協議が行われたものの、議論は平行線のままである。

佐賀県の姿勢に対しては、九州ひいては日本全体では大きな経済効果があるのに、自県へのメリットがないことを理由に反対する地域エゴという見方もあろう。しかし、以下に示すように、運営主体となるＪＲ九州の現状とその将来を考えると、西九州新幹線は、佐賀県のみならず、建設に積極的な長崎県にとっても、負の遺産となる可能性が大きい。佐賀県の姿勢こそ国益にかなっているのだ。そもそも、すでに完成し利用されている博多・鹿児島中央間の鹿児島ルートも建設されるべきではなかったのである。

予想を裏切ったＪＲ九州の成功

１９８７年に国鉄が分割民営化されたとき、建前はともかく本音では、ＪＲ北海道・四国・九州のいわゆる三島会社の見通しは暗かった。監理委第76回会合の非公開審議の席上、のちにＪＲ東日本の初代社長となる住田委員は、「臨調当時、島は切り捨ててみたいになるが、せめて本州だけでもなんとかしたいという気持ちがあった。島も援助するとなると大変だ」と発言している。

国鉄改革は、輸送量が多く鉄道特性が発揮できる本州部分を残すため、三島を損切りする側面を持っていた。そのため、「手切れ金」として三島計で１・３兆円の経営安定基金（見合いの資産）が渡され、その利子で鉄道の赤字を補塡する仕組みが取られたものの、輸送量のさらなる減少は必至とされ、いずれ立ち行かなくなることは「想定内」であった。住田氏は、新会社発足後もＪＲ北海道を例に、「仮に毎年三十五億円（一九九六年度経常赤字額）の赤字を出したとしても、経営安定基金を使い果たすのには二百年かかる」として、三島会社が利子で赤字を補塡できなければ、基金を取り崩して対応すべきことを示唆していた（『官の経営　民の経営』毎日新聞社、１９９８年）。

ところが、１９８７年に分割から36年過ぎた今も、国鉄時代に廃止が決まっていた路線を除き、三島の路線網はほぼ維持され、当初予定されていた段階的運賃値上げも限定的なものにとどまり、消費税転嫁分を除き一度も値上げしていない本州3社と比べて、２０２２年時点で北海道は3割程度、四国・九州は1割程度高いだけであった。ただし、２０２３年春からＪＲ本州3社はバリアフリー料金を10円加算、ＪＲ四国は２０２３年5月に値上げした。

なかでも、バラエティーに富む特急列車運行をはじめ、次々に新機軸を打ち出してきたＪＲ九州は、

図表10・1　JR九州輸送量実績・改革時予測値

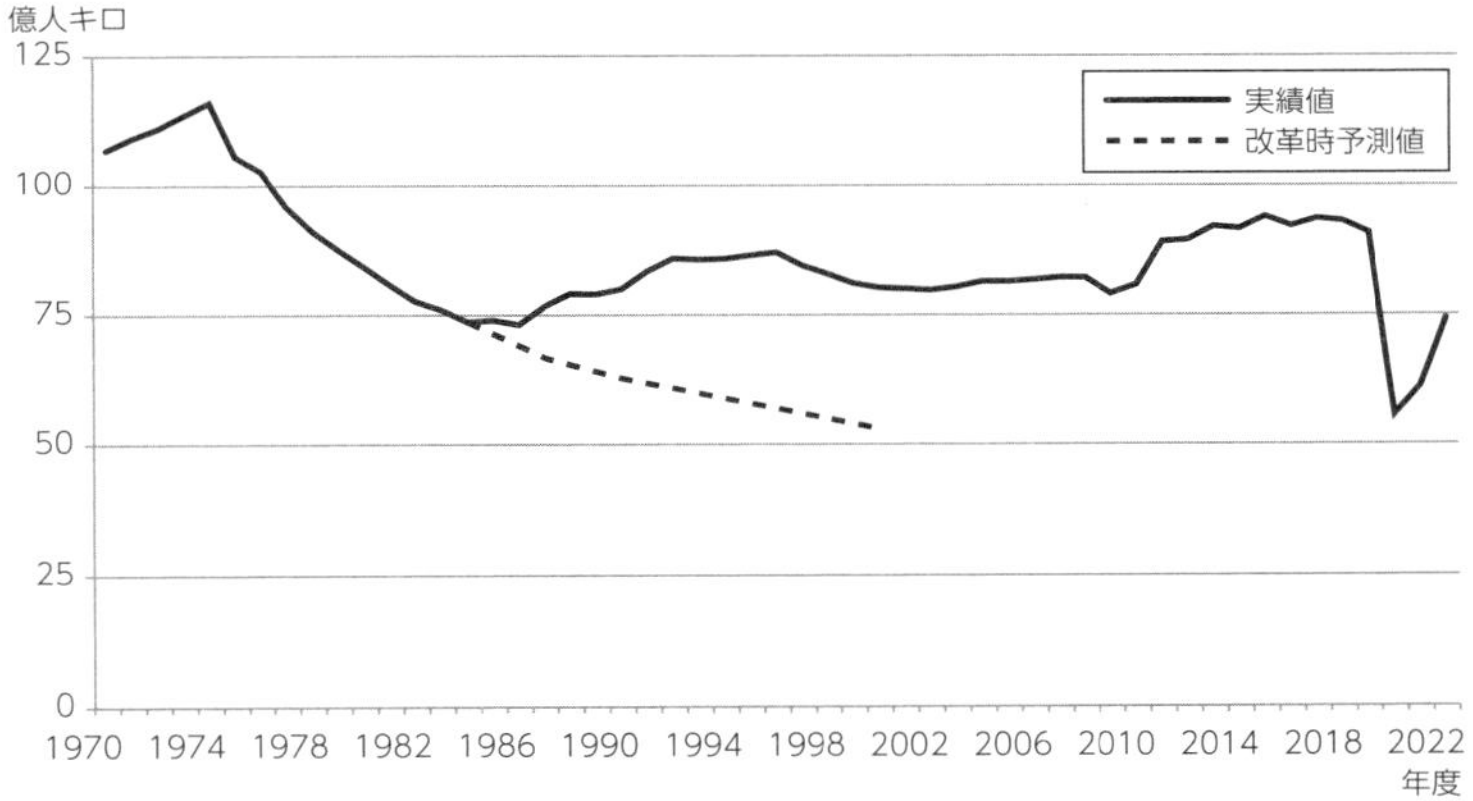

２０１６年10月、分割時にはおそらく誰も予想していなかった株式上場を果たした。絵に描いたようなサクセスストーリーである。

しかし、ＪＲ九州は、上場の前提である持続的に利益をあげる基盤を、本当に確立したのであろうか。

九州の国鉄輸送量は、図表10・1で示したように、山陽新幹線全線開業後（門司・博多間特急利用者が在来線から新幹線に転移後）の１９７５年度１０６億人キロから、１９８４年度には74億人キロまで減少した。分割民営化が決まった１９８５年の時点では、ＪＲ九州の輸送量は点線で表したとおり減少傾向が続き、１９９０年度は63億人キロ、２０００年度は53億人キロまで落ち込むと予測されていた。

ところが、分割後、国鉄時代に活かすことができなかった、九州各都市圏とくに福岡都市圏での鉄道潜在需要に応える列車ダイヤを整備した結果、輸送量は反転し、１９９０年度に80億人キロまで回復した。さらに増加した後、その後の不況期も大きく減らすことな

図表10・2　JR九州・JR西日本・西鉄・阪急諸元比較（2019年度）

	JR九州	JR西日本	西鉄	阪急
旅客運輸収入（億円）	1,474	8,569	206	960
輸送量（億人キロ）	91	586	16	92
営業キロ	2,273	4,903	106	144
輸送密度（万人）	1.1	3.3	4.1	17.5

く、2011年3月の九州新幹線鹿児島ルート全線開業によって、再度、増加に転じ、2015年度にはJR九州としての最高値94億人キロに達し、コロナ禍の影響がまだ少なかった2019年度は91億人キロであった。

ただし、それでも分割前の1975年度の輸送量には及ばず、国鉄末期より増えたとはいえ、国鉄全盛期には及ばない。そのポテンシャルを開花させたといっても、JR九州の現状は楽観を許さない。図表10・2は、JR九州の2019年度輸送諸元を他3社と比較したものである。具体的には、JR本州3社の中では相対的に経営基盤が弱いJR西日本、福岡都市圏輸送のライバルである西鉄、そして輸送量がほぼ同じである阪急を選んだ。

JR九州はJR西日本のほぼ半分の2・3千キロの路線網を持ちながら、旅客運輸収入や輸送量では、その6分の1にすぎない。これは鉄道輸送における最重要データである輸送密度が1・1万人で、JR西日本の3分の1しかないことによる。

大手私鉄との差はさらに大きい。大手16社中、最も輸送密度が低い西鉄と比べても、JR九州はその4分の1で、営業キロでは西鉄の21倍にも達するのに、その輸送量は6倍しかない。また、輸送量が同じといっても、阪急の営業キロはJR九州の16分の1にすぎない。要するに、JR九州の輸送密度は阪急の16分の1である。ただし、新幹線を含む特急利用者のキロ当たり収入単価が高いことを反映して、旅客運輸収入では、阪急の1・5倍となっている。

こうした諸元の比較で浮かび上がるのは、大手私鉄はもちろんのこと、多くの閑散路線を抱えるJR西日本と比べても大きく見劣りするJR九州鉄道事業の基盤の弱さである。

上場の「メリット」

国鉄末期からは様変わりしたとはいえ、JR九州の将来は盤石とは言いがたい。にもかかわらず、2016年10月にJR九州は本州3社同様、完全民営化され、JR九州株の一括売却で、国（鉄道・運輸機構）は4、160億円を手にした。

国が株式を保有している限り、代表取締役選任に国交相の認可が必要となるなど、民営化されたといっても、JR九州の経営自主権は大幅に制約される。そのため、JR九州の経営陣が上場によって国の軛《くびき》から逃れ、できるだけ早く「本当」の民間企業になりたいと考えたのは理解できる。

一方、国にとって上場のメリットは何だろうか。株式売却によって、利払いも元本返済も不要な資金を市場から調達できるのだから、国にメリットがあることは多言を要しないようにみえる。ところが、今時のビジネスパーソンにとっては常識となった「時価=将来配当現在価値」というファイナンス理論に基づく企業価値評価を前提とすると、上場は本来、国にとって損でも得でもないはずである。なお、国という仕組みはベールにすぎないので、国の損得は、その背後にいる国民全体でみた損得と同じである。以下の議論は、JR九州のみならず、すべての国有企業の保有株式売却に当てはまる。

上場すれば、一時的に多額の資金を調達できるけれども、株式を手放せば将来の配当収入はゼロとなる。一方、株式を持ち続ければ、将来にわたって配当収入が得られる。要するに、退職金を一時金で受け取っても年金で受け取っても、その退職時の現在価値が同じであるように、売却収入と将来の配当収入の現在価値は同じであるはず。

にもかかわらず、保有株式売却が国にとってメリットがあったとすれば、次のような場合である。

第一に、国が放出するときの株価に将来期待配当現在価値以上の値段が付いた場合。そうだとすれば、国は株価「バブル」を期待していたことになる。

第二に、これまで密接な関係にあったことを利用して得られた内部情報に基づき、ＪＲ九州の将来収益性が市場の予想より低いことを知っているので、今のうちに売り抜けようとした場合。そうだとすれば、国はインサイダー取引を行ったことになる。

第三に、国の関与は非効率な経営をもたらすので、完全民営化後の効率化期待分を反映して、継続保有下よりも企業価値評価額が上昇し、高い株価での売却が実現した場合。そうだとすると、売却自体は望ましいものの、国がこうして得られた資金を新たな投資財源として用いることは、新たな非効率を生むだけであり、当該資金は減税か国債償還に充てるべきということになる。

以上３つの点は相互に排他的ではなく、同時に２つあるいは３つとも該当する場合があり得るけれども、ＪＲ九州の場合、第一と第二の要素が否定できないように思える。なお、第三の要素はなんともいえない。先行して完全民営化した本州３社の例をみてもわかるとおり、国は株主でもないのに、ローカル線維持をはじめ企業価値を低下させる政策を強いているので、ＪＲ九州の場合も同様であろう。

図表10・３　整備新幹線・山陽新幹線輸送密度（2019年度）

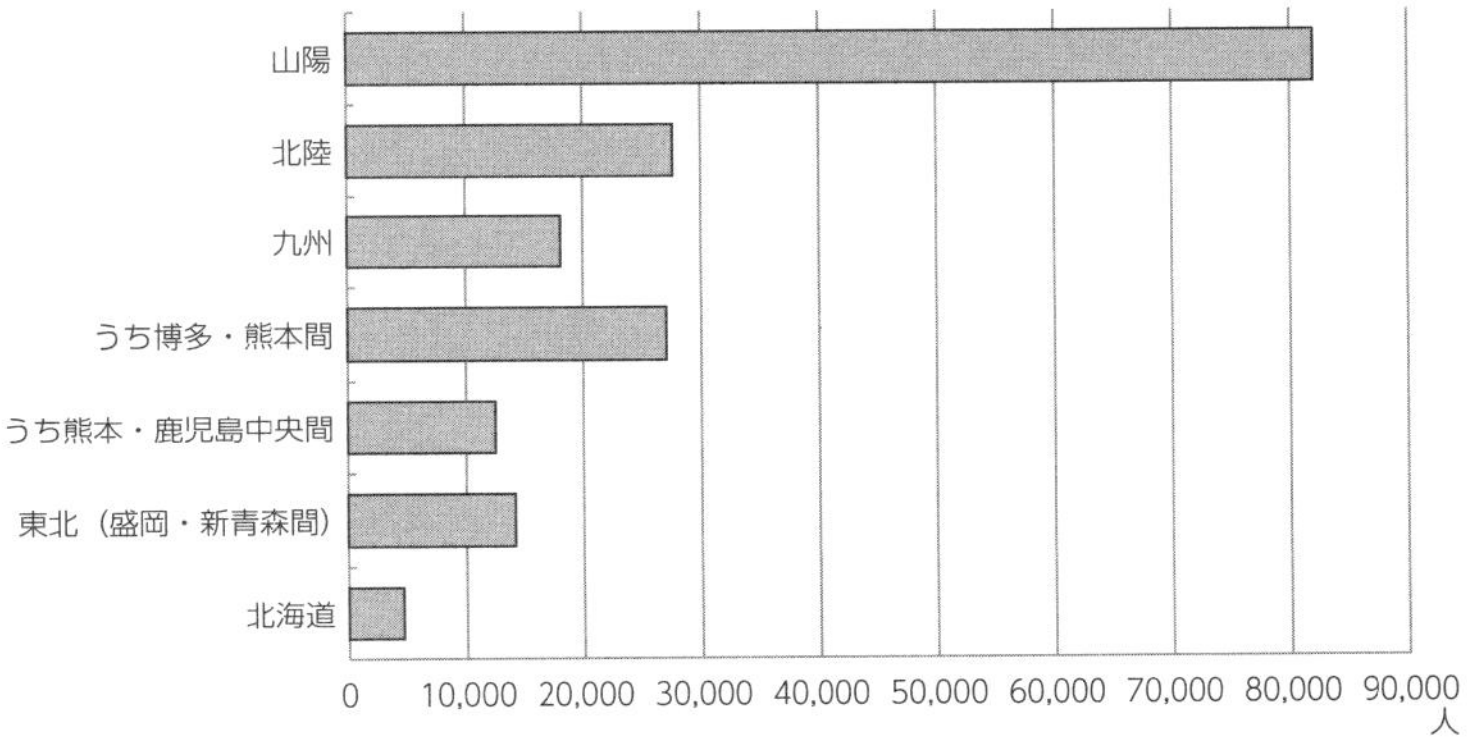

将来は新幹線廃止？

上場後のＪＲ九州鉄道事業の持続可能性については、残念ながら悲観的にならざるを得ない。なぜなら、ＪＲ九州は、上場の前提である持続的に利益をあげる基盤を確立していないどころか、新幹線・在来線とも、その持続可能性に大きな疑問を投げかける状態にしてしまったからである。

まず、新幹線からみてみよう。

２０２２年９月に開業した西九州新幹線（武雄温泉・長崎間）の輸送密度が７千人程度で、国鉄時代の基準でいえば地方交通線に該当するレベルであることは**第８章**ですでに指摘したところである。ここではすでに全線開業した九州新幹線（博多・鹿児島中央間）を他の整備新幹線と比較する。**図表10・３**に示したとおり、九州新幹線の２０１９年度輸送密度は18千人で、北海道新幹線（新青森・新函館北斗間）の４倍、盛岡以北の東北新幹線の１・３倍、北陸新幹線の７割。ビジネスベースで成り立っている山陽新幹線のわずか２

割である。また、九州新幹線の場合、熊本で大きな輸送量段差があり、博多・熊本間が27千人で北陸新幹線並みなのに対し、熊本・鹿児島中央間は12千人で盛岡以北の東北新幹線より少ない。

それでも路線整備できたのは、他の整備新幹線同様、九州新幹線建設にあたって、ＪＲ九州がそのコストの一部しか負担していないからである。２００４年に先行開業した新八代・鹿児島中央間の建設コスト６、２９０億円に対し、ＪＲ九州が支払うとされた30年間定額の貸付料は20億円、２０１１年に開業した博多・新八代間のコスト８、７９４億円に対し、貸付料は82億円に設定された。

時間価値を無視して単純に年間貸付料を30倍しても、合わせて３、０６０億円なので、工事費合計１兆５、０８４億円に対し、ＪＲ九州はその2割しか負担していないことになる。この割合は、九州新幹線の輸送密度がビジネスとして成立している山陽新幹線の2割であることと平仄が合っている。

実は、上場を前にして、ＪＲ九州は２０１６年度以降の貸付料を一括（２、２０５億円）で支払い、前払費用として資産計上することなく、２０１５年度決算で全額費用処理しているので上場後、費用は１円も生じていない。要するに、国鉄から転換した三セク鉄道路線同様、九州新幹線は上場にあたり、全額減損してスタートしたのと同じことである。

とはいえ、設備が老朽化した段階で廃止せず運行を続けるには、設備を維持更新する必要があり、再度税金を投入するのでない限り、ＪＲ九州は利益を内部留保しておかねばならない。30年後に改修が本格化するとして、大雑把にいって累計で、路線1キロ当たり10億円程度で建設コストの2割に相当する3千億円、つまり上場前の年間貸付料と同水準の百億円を30年にわたり毎年利益から内部留保しておく必要があろう（運用収益と税金を考慮すれば、毎年同程度の税引前利益が必要）。

図表10・4　ＪＲ九州上場前貸借対照表

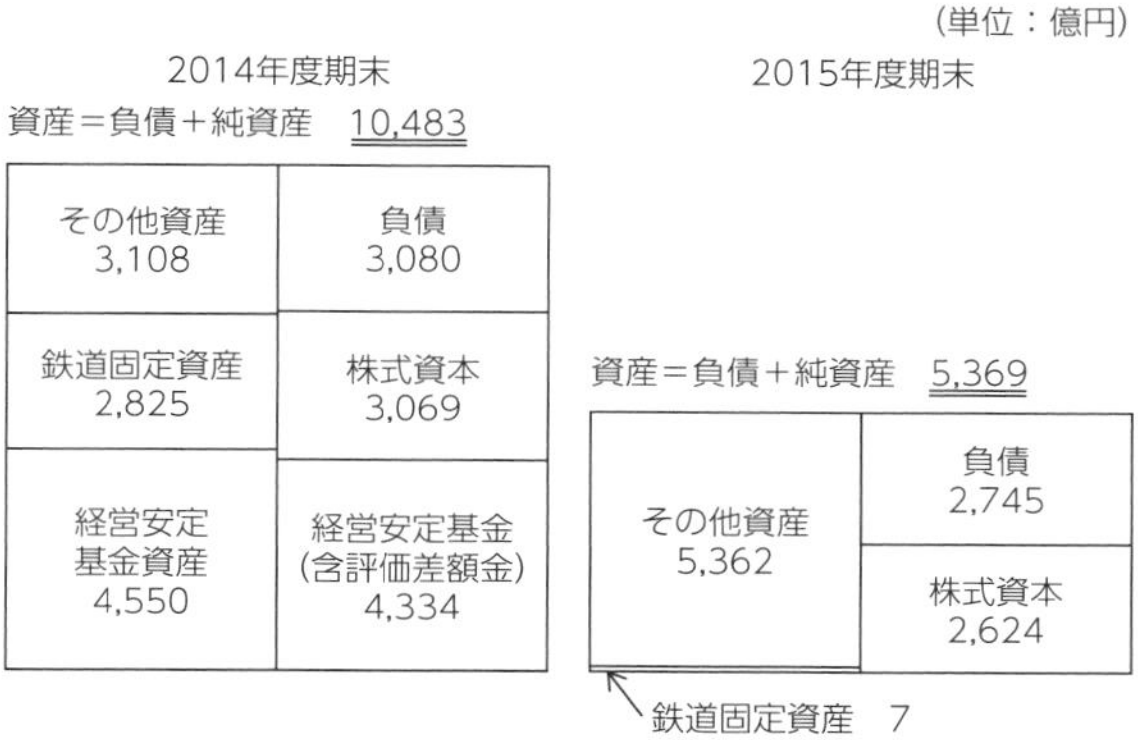

在来線は価値ゼロ？

在来線に関しても、将来の鉄道維持を否定するかのような会計処理が行われている。

国鉄分割民営化にあたって、鉄道を自力で維持更新するには、減価償却によって内部資金を確保しておくことが不可欠であることから、国鉄時代よりも評価を下げて引き継がれたとはいえ、ＪＲ九州の場合、償却資産簿価３千億円程度でスタートした。

ところが、その後償却と投資を繰り返し、上場前の時点で、ほぼ同額計上されていた鉄道資産が上場直前に全額減損されたのである。２０１４年度期末（２０１５年度期首）と２０１５年度期末のＪＲ九州単体貸借対照表を比較した図表10・4をみていただきたい。２０１６年10月の上場を前にして、ＪＲ九州の資産と純資産に激変が起こったことがみて取れる。なお、評価・換算差額等（２０１４年度期末1億円、２０１５年度期末１２３億円）は株主資本に含めた。

まず、ＪＲ九州には冒頭で述べた経営安定基金が

3、877億円与えられ、2014年度末時点では、評価差額金457億円と合わせて、4、334億円が貸方計上され、見合いの基金資産は4、550億円であった。ところが、2015年度期末には借方・貸方全額が取り崩されている。基金資産のうち、評価差額金相当分は特別利益に計上され、基金相当分は、2、205億円が上述の新幹線貸付料一括払い、800億円が鉄道・運輸機構借入金一括返済に充当され、残りの872億円は将来の設備投資資金として留保された。

さらに、上場を前にして、わずか7億円を残し、期首に2、825億円あった車両を含む鉄道固定資産がほぼ全額減損されたことがわかる。2015年度投資分まで減損する徹底ぶりである。その結果、**図表10・5**に示したとおり、上場した2016年度以降、上場前3年間（2013～2015年度）平均で年間251億円計上されてきた鉄道資産の減価償却費が、2016年度は20億円に激減した。その後、新規投資分の償却を反映し徐々に増えてきているけれども、2022年度は97億円で上場前の半分にも満たない。

新幹線の貸付料と鉄道資産簿価をゼロにするという「非常手段」で上場したJR九州の鉄道営業利益は、上場前2015年度115億円の赤字から、上場初年度である2016年度には251億円の黒字に「V字回復」し、全社（連結）ベースで営業利益は587億円、（親会社株主に帰属する）当期純利益は448億円に達した。コロナ禍で大赤字になるまで、開示数値のうえでは「順調」に推移し、2019年度の鉄道営業利益は201億円、全社ベースの営業利益494億円、当期純利益315億円であった。

しかし、この「利益」は、将来、全鉄道事業から撤退する前提でのみ意味を持つ数値である。ゴー

図表10・5 JR九州経営成績

（単位：億円）

	年度	2013	2014	2015	2016	2017
鉄道事業	営業収益	1,626	1,633	1,692	1,650	1,713
	運輸収入	1,440	1,451	1,501	1,465	1,512
	定期外収入	1,119	1,131	1,179	1,143	1,188
	定期収入	321	320	322	322	323
	その他収入	186	182	191	185	201
	営業費	1,783	1,773	1,807	1,399	1,431
	償却費以外	1,530	1,524	1,558	1,379	1,387
	減価償却費	253	250	250	20	44
	償却前利益	96	109	134	271	326
	営業利益	△157	△140	△115	251	282
全事業	営業利益	91	128	209	587	640
	当期純利益	116	150	△4,331	448	504
	運輸投資額	463	280	407	316	267
	配当	−	−	−	62	133
輸送量	（億人キロ）	91.8	91.4	93.8	91.9	93.4
列車運行量	（億キロ）	0.69	0.69	0.69	0.67	0.67

		2018	2019	2020	2021	2022
鉄道事業	営業収益	1,722	1,652	898	1,030	1,365
	運輸収入	1,515	1,474	763	894	1,214
	定期外収入	1,190	1,148	500	615	924
	定期収入	325	326	263	279	291
	その他収入	207	178	134	136	151
	営業費	1,454	1,451	1,264	1,250	1,334
	償却費以外	1,394	1,364	1,162	1,173	1,237
	減価償却費	61	87	102	77	97
	償却前利益	328	288	△265	△143	128
	営業利益	268	201	△366	△220	31
全事業	営業利益	639	494	△229	39	343
	当期純利益	492	315	△190	133	312
	運輸投資額	320	332	213	330	296
	配当	149	148	146	146	146
輸送量	（億人キロ）	92.8	90.6	55.6	61.3	74.2
列車運行量	（億キロ）	0.63	0.63	0.60	−	−

イングコンサーンとして、ＪＲ九州が自力で新幹線と在来線の更新投資を行うつもりであれば、減損後の投資から生じる減価償却費見合いの資金では少なすぎ、会計上の利益を配当で流出させることなく、内部留保しておかねばならない。

新幹線はまだ開業から日が浅いため、さしあたり維持更新支出の必要性はあまりない。とはいえ、老朽化するにつれて必要額は急増する。大ざっぱに言って、新幹線・在来線車両および在来線施設の償却不足分を２００億円程度とすれば、前述の新幹線施設分１００億円と合わせて、鉄道事業全体で毎年３００億円程度の内部留保が必要であろう。

実際、ＪＲ九州の（鉄道がそのほとんどを占める）運輸サービス・セグメント投資額をみると、上場後7年間（２０１６〜２０２２年度）平均で２９６億円となっている。それに対し、その間の減価償却費は平均70億円にすぎないのだ。

当初は経営安定基金取崩しで得た８７２億円（と資産評価額相当分）を投資に充てるにしても、将来も鉄道事業を続けるつもりならば、利益の大半は配当せず、鉄道事業の維持更新資金として内部留保しておくべきである。ところが、ＪＲ九州は上場後すぐに配当を開始し、２０１８年度以降、年間１５０億円弱の配当を行っている。

鉄道廃業への道？

なぜＪＲ九州は、新幹線貸付料を一括で払うことができたのか。それは、予想される鉄道事業の赤字を補填し、事業体として収支均衡させるため、分割時に与えられた経営安定基金のおかげである。

ＪＲ九州は、４千億円（分割時３、８７７億円）を超える基金を、新幹線貸付料一括払いと鉄道・運輸機構借入金一括返済に流用したのだ。

そもそも、基金は、不採算であっても地域住民に不可欠な輸送サービスを維持するために、会社発足にあたってＪＲ九州に与えられたのである。それを新幹線建設に流用したことは、分割時に想定されていなかった事態であり、国鉄改革への裏切りとすらいえる。

大量輸送という鉄道の特性が活かせない閑散路線を維持し続けることは、鉄道会社の収益性の問題というより、国民経済全体の観点から望ましくない。ただし、どんなに人口が減少しても、輸送という機能の必要性は残る。それゆえ、ＪＲ九州の多くの路線は、鉄道ではなく、より効率的な道路を利用する輸送手段で代替することが、結局は輸送サービスを持続可能なかたちで維持することにつながる。

重要なのは鉄道という手段ではなく、輸送という機能である。したがって、経営安定基金を取り崩すのであれば、ローカル線廃止後の輸送サービス提供に用いるべきであった。ところが、上場１年後に『日本経済新聞』に掲載されたインタビュー（２０１７年10月28日付地方経済面）で、当時の青柳俊彦社長（現会長）は、「鉄道が道路と同じように大事だということならば（レールなどを自治体が保有する）上下分離という話にもなるだろう。…自治体から（路線のてこ入れについて）提案があれば、真摯に応えていきたい。そうでなければ一緒に議論を始めるよう持ちかけたい。待ちの状況ではない」と発言している。ローカル線対策に使うべき基金を新幹線建設に流用しておきながら、公的負担を求めているのだ。図々しいと言わざるを得ない。

分割後、国鉄改革の狙いであった地域密着経営で在来線輸送量が劇的に回復し、基金による補填がなくても、関連事業からの利益と合わせて、ＪＲ九州はほぼ収支が均衡する持続可能な事業体となった。しかし、将来の更新投資を考えれば重荷でしかない新幹線開業、そして、減損による利益「かさ上げ」までして実現した上場によって、鉄道事業者としてのＪＲ九州の将来には暗雲が漂っている。にもかかわらず、九州新幹線よりさらに輸送量の少ない西九州新幹線が部分開業し、将来の更新投資負担はさらに重くなった。

ＪＲ九州上場時の時価は４，１６０億円（売出価格２・６千円×１・６億株）、２０２３年６月末の時点では上場時を上回り５千億円弱となっており、輸送量６倍かつ人口・経済活動規模で福岡都市圏よりはるかに大きな関西圏を基盤に持つＪＲ西日本の３分の１の水準を維持している。日本政府は「バブル」が破裂しないうちに売り抜けに成功したのだろうか。それとも、おそらく福岡都市圏を除き、ＪＲ九州がいずれ在来線を全廃し、新幹線の設備維持更新に再度税金が投入されることを、市場は「正しく」予想しているのだろうか。

国民全体の観点から、これ以上の物的人的資源の浪費を防ぐためには、西九州新幹線はすでに開業した区間で事業終結とし、自力で事業資産の維持更新ができない民間企業に、決して追加的に税金を投入しないことを明確にすることが最低限必要である。いずれにせよ、新幹線建設と上場を推進した国交省の責任は重大である。

第11章

ＪＲ四国は「新幹線を持たない強み」を活かせ

――大きな「中小私鉄」へ

国鉄改革時の予想どおり衰退

１９８７年の国鉄分割民営化で誕生した６つのＪＲ旅客鉄道会社のうち、本業の鉄道事業自体が存亡の機に直面している唯一の事業体、それがＪＲ四国である。

国鉄改革の失敗例として、ＪＲ四国以上に取り上げられることが多いＪＲ北海道は、危機に瀕しているのは企業としてのＪＲ北海道であり、同社が運営している輸送手段としての鉄道は、国鉄改革時の予想を良い意味で大きく裏切り、堅調に推移している。したがって、第12章で詳述するように、国鉄改革の延長線上のＪＲ北海道改革の方向性は明らかである。それに対し、ＪＲ四国の場合、分割当初に比べ、コロナ前の時点で輸送量が大幅に減り、今後も反転の可能性はない。経営の良し悪し以前

図表11・1　国鉄・JR四国・北海道輸送量実績・予測

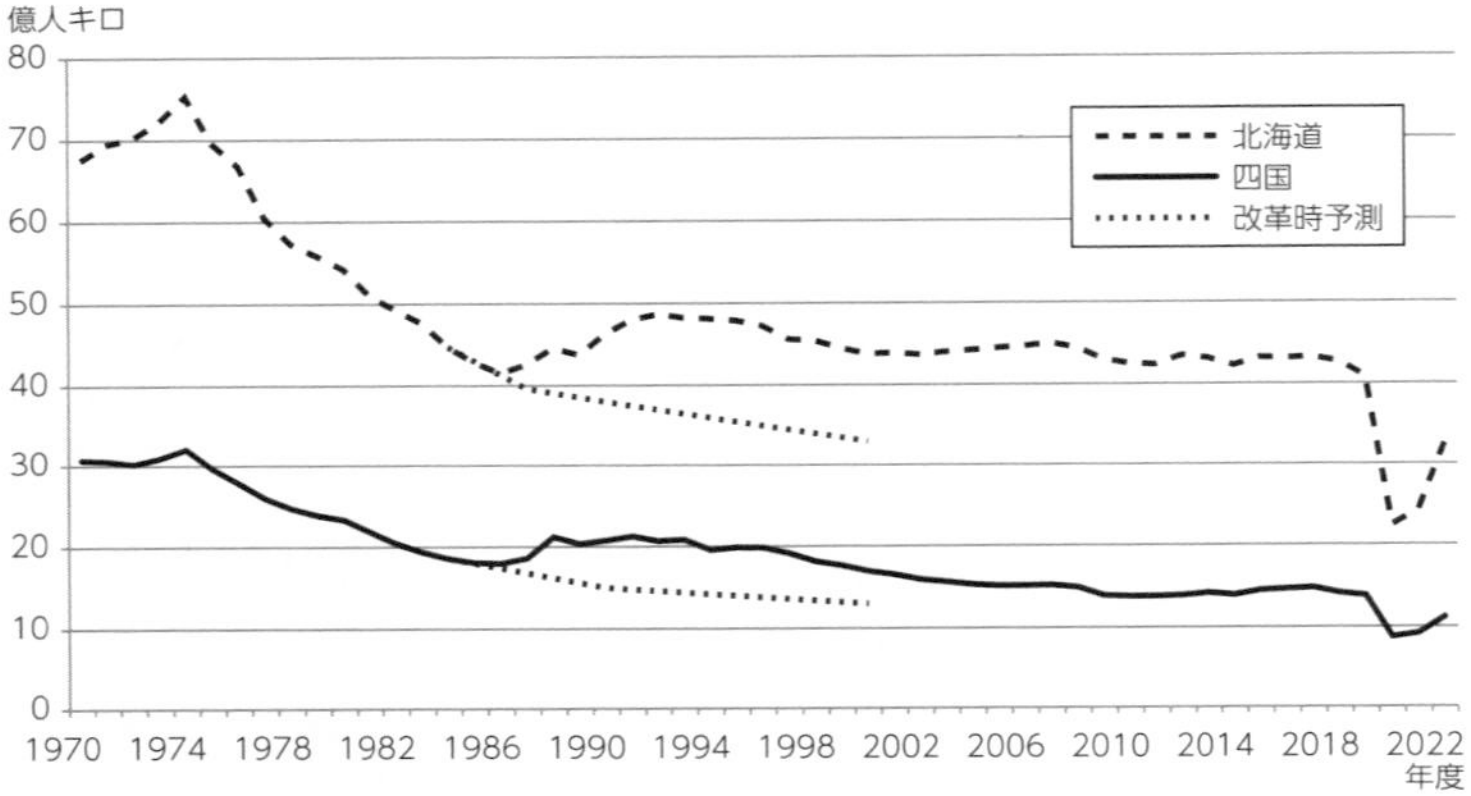

に、輸送手段としての鉄道の必要性が問われる段階に来ているのだ。

　実は、ＪＲ四国の現状は、国鉄改革時の予想どおりに輸送量が減った唯一の例でもある。国鉄改革は、世界でも稀な人口集積ゆえ、鉄道にある程度の需要が将来も期待できる地域を抱えた本州３社を活かすために、モータリゼーションの進展で１９７０年代半ば以降衰退著しい北海道・四国・九州の鉄道を「損切り」するという側面を持っていた。しかしながら、コロナ前のＪＲ九州の鉄道輸送量が分割時を大きく上回っていたことは、第10章で指摘したとおりである。

　１９７０年度以降の四国と北海道の国鉄・ＪＲ輸送量を比較したのが図表11・1である。国鉄改革時には、九州と同様、それまでの輸送量の減少トレンドはそのまま続くと予想されていた。

　ところが、ＪＲ北海道の輸送量は１９８７年の分割を境に反転し、その後もコロナ前までは分割時の水準を維持していた。それとは対照的に、ＪＲ四国の輸送量は、1988年の瀬戸大橋開通で短期的に増加したものの、事前の予想どおり、減少し続ける。2010年度に13・8億人キロまで落ち込んだ後、若干持ち直したとはいえ、コロナの影響が全くなかった2018年度輸送量14・1億人キロは、国鉄改革時の予測最終値（2000年度）より1・1億人キロ多いだけで、国鉄最後1986年度の18・0億人キロの8割程度、瀬戸大橋開業直後の1988年度21・2億人キロからみれば3分の2の水準である。ちなみに、JR北海道の2018年度輸送量42・6億人キロは予測最終値より9・6億人キロも多い。

JR各社をめぐる議論では、分割されてからの数値で議論することが通例となっているけれども、JR体制になる前の国鉄時代も、同じように列車は走っていたし、分割によって国鉄が抱えていた問題がすべて解決されたわけではない。鉄道の今後を考えるうえで、国鉄とJRを連続してみることが重要である。なお、青函トンネル・瀬戸大橋開通（1988年3月・4月）後のデータと連続性を保つため、1987年度以前の数値には青函・宇高連絡船輸送量を鉄道輸送量に換算して加えてある。

万遍なく低利用

国鉄最盛期の1975年度から2022年度までの四国の国鉄・JR輸送密度の路線別推移を示したのが図表11・2である（本四間を除く）。これをみれば明らかなように、1970年代半ば以降、分割直後の一時的な回復を除き、全路線とも継続して利用状況が低下している。北海道は高利用路線と閑散路線に両極化しているけれども、四国では極端に利用者の少ない路線は予土線のみである一方、最重要幹線である予讃線（内子線を含む）ですら、2018年度の輸送密度は6・4千人で、国鉄時

図表11・2　四国線別輸送密度

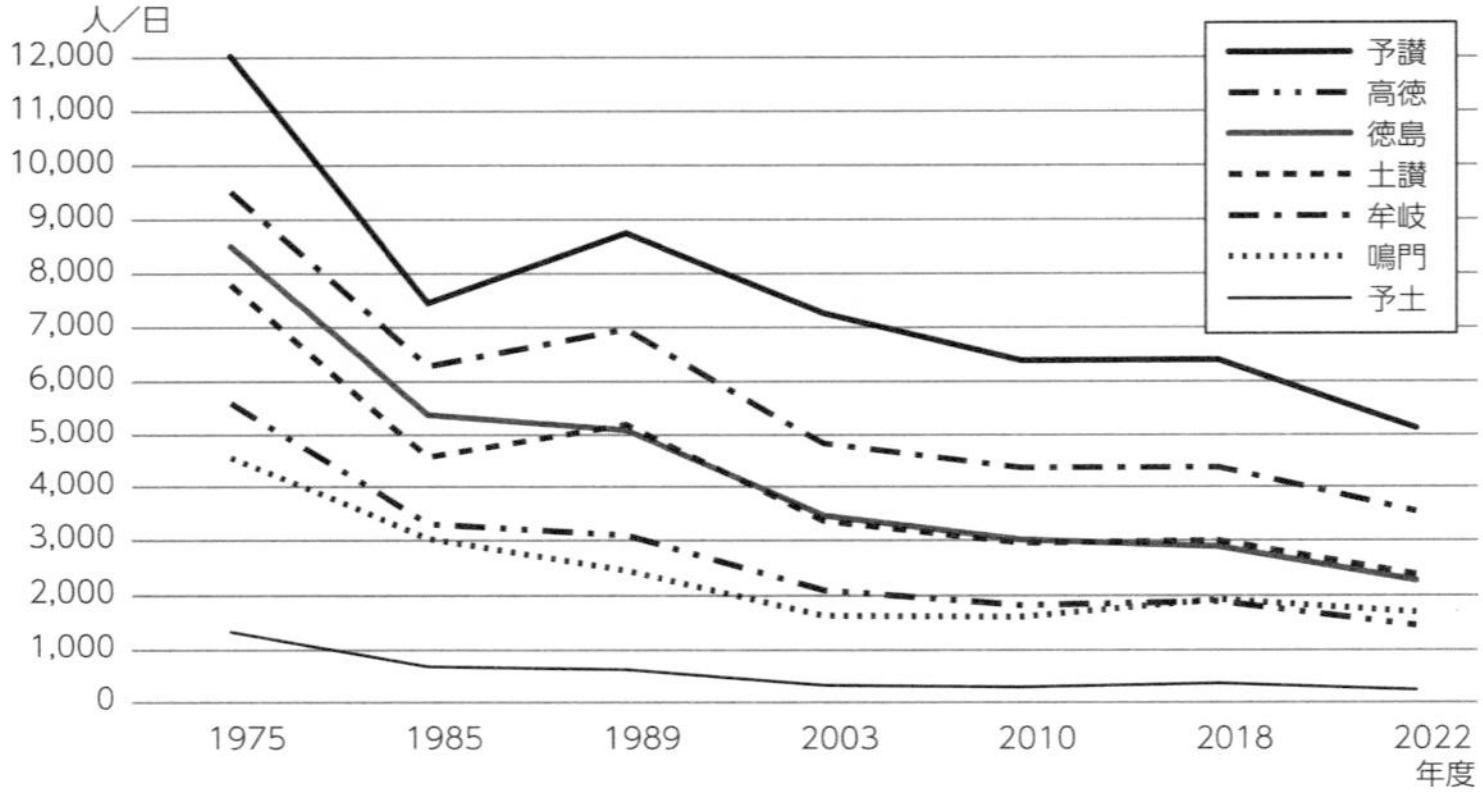

代の幹線基準８千人を下回っている。全般的に低利用ながら、さりとて、即廃止というにはまだ利用者が残っている状況である。

ただし、国鉄というより昭和最後の国家的２大プロジェクト（本四架橋、青函トンネル）で恩恵を受けたのは、ＪＲ四国のほうであった。図表１１・３は本四（宇高航路・瀬戸大橋）利用人員と青函（青函航路・トンネル）利用人員の推移を比較したものである。

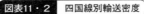

本四輸送量は、宇高連絡線時代は利用低下に歯止めがかからなかったのに、瀬戸大橋開業で利用人員はＶ字回復を果たし、その後もコロナ前まで１日２万人を超える水準を維持していた。実は、この瀬戸大橋部分を含む児島・宇多津間は、正式には本四備讃線と呼ばれ、ＪＲ四国路線のなかでダントツの輸送密度（２０１８年度２・４万人）を誇っている。なお、途中駅はないので利用人員イコール輸送密度である。

一方、青函トンネルの方は、開業直後に一時的に利用者が増えただけで、新幹線が開業したにもかかわら

図表11・3　本四・青函利用人員

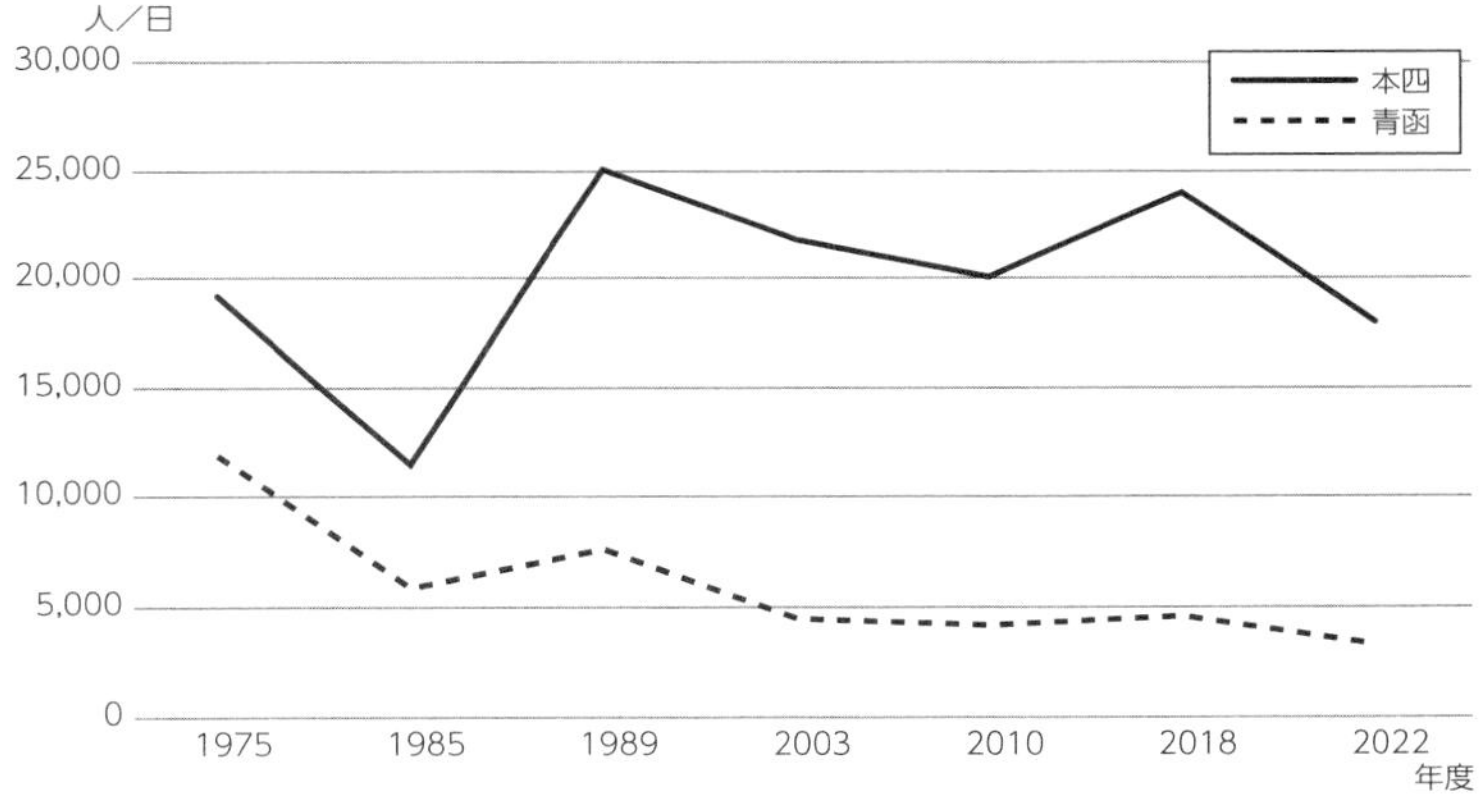

ず、コロナ禍に見舞われる前でも、5千人を割り込んで推移していた。全盛期に比べ見る影もなくなっていた国鉄末期1985年度の青函連絡船利用人員をも下回る水準である。

さて、分割後の四国と北海道における鉄道輸送の明暗を分けた理由は何か。輸送量を定期と定期外に分けた図表11・4をみていただきたい。

コロナの影響がなかった2018年度のJR四国輸送量は1988年度と比べ、7・1億人キロ（33％）減少したけれども、定期輸送量は6・1億人キロから5・9億人キロに0・14億人キロ減っただけで、横ばいといってよい。一方、定期外輸送量は、15・1億人キロから8・2億人キロにほぼ半減、6・9億人キロ減少している。JR四国の輸送量減はもっぱら定期外利用の落ち込みに起因する。

それに対し、第12章で詳述するとおり、JR北海道はコロナ前まで分割当初の輸送量水準を維持していた。同じ期間で比較すると、定期外輸送量が6・3億人キ

図表11・4　国鉄・JR四国輸送量内訳

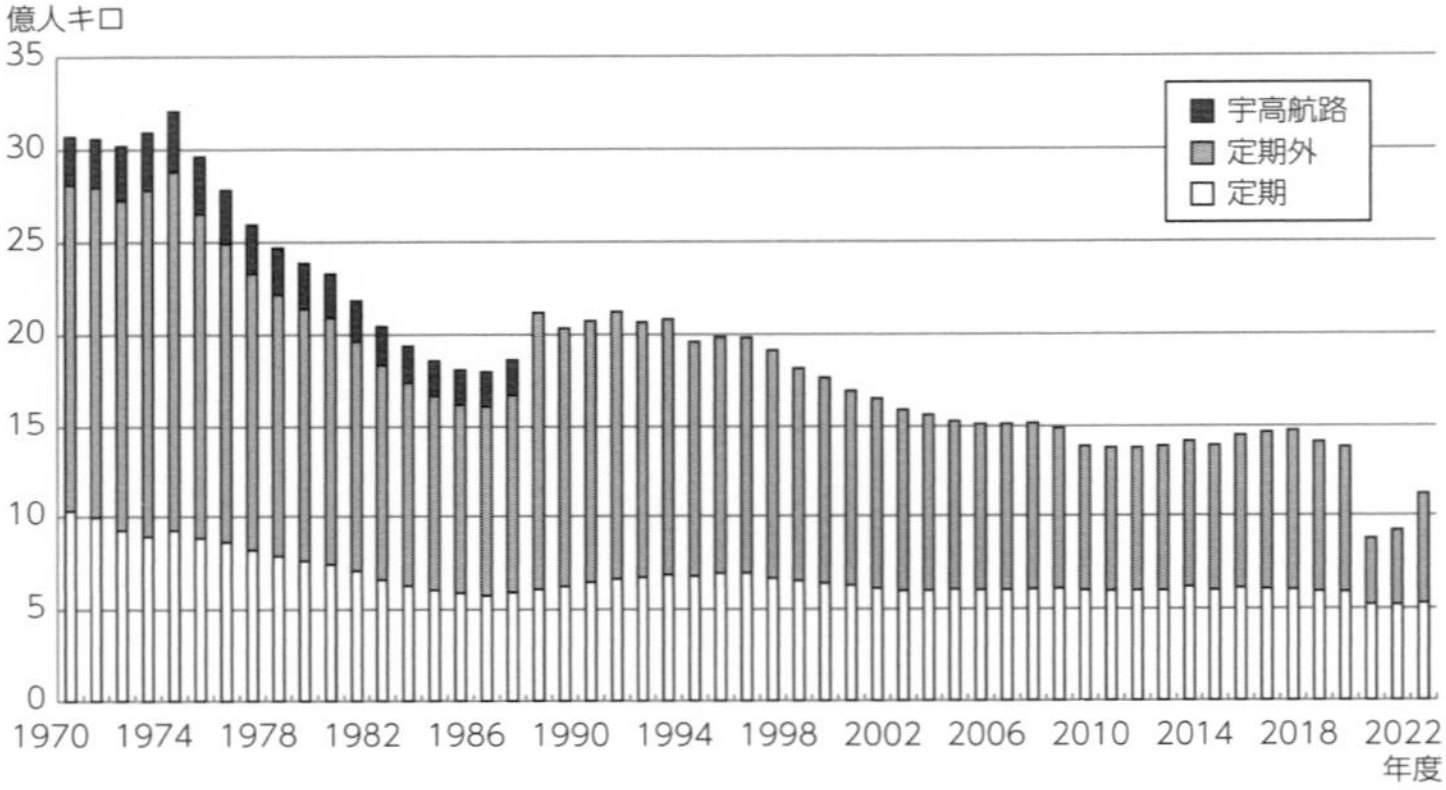

ロ減ったものの、定期輸送量が４・３億人キロ増えたため、全体で１・９億人キロ（４％）の減少にとどまっていた。

ＪＲ四国もＪＲ北海道も定期外輸送量の減少に直面した点は同じである。ところが、ＪＲ北海道はその減少を定期輸送量の大幅増でカバーすることができたのに対し、ＪＲ四国では定期輸送量が横ばいだったため、定期外輸送量減少がそのまま直撃するかたちとなった。

なお、定期外輸送量は四国・北海道のみならず九州でも激減している。ＪＲ九州の定期外輸送量は、九州新幹線開業にもかかわらず、２０１８年度は50・７億人キロで、１９７５年度67・６億人キロの４分の３の水準でしかない。青函トンネル利用状況の低迷でも明らかなように、新幹線の輸送量増への貢献は限定的なのだ。一方で定期輸送量は１９７５年度の38・１億人キロから２０１８年度には42・１億人キロに増えている。

図表11・5　福岡・札幌国鉄・JR乗車人員

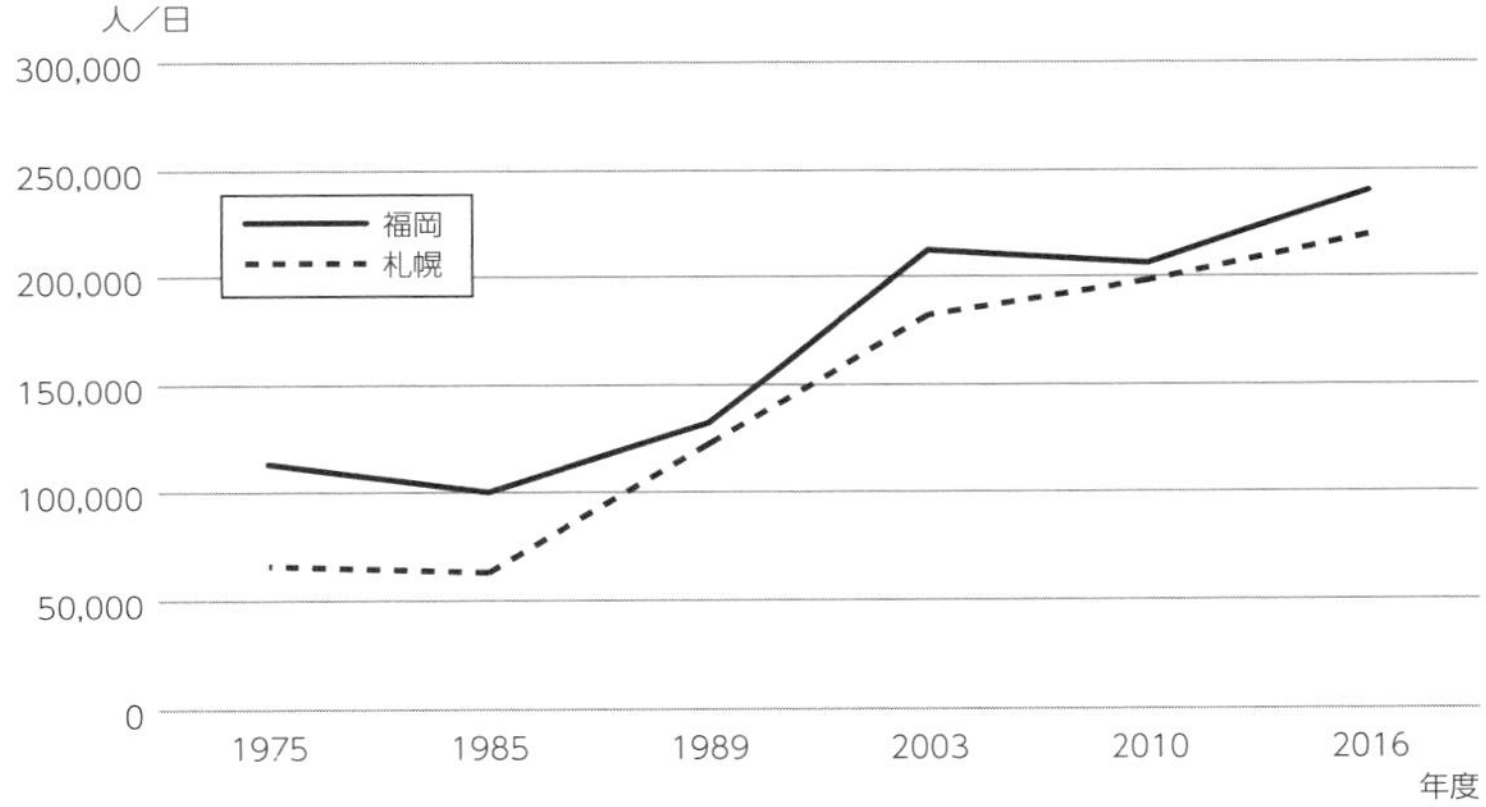

鉄道にほとんど「すき間」のない四国

自家用車が普及し、一般道路のみならず高速道路が全国津々浦々まで整備され、飛行機が大衆の乗り物となった今日、鉄道に残されたマーケットは限られる。鉄道は他の輸送手段の「すき間」を埋める存在として、生き残りを図るしかない。

ただし、「すき間」といっても、客観的条件に恵まれれば、市場規模は巨大になり得る。その条件とは人口集積である。人口それ自体ではなく、人口が集中していることが、大量輸送という鉄道の特性を発揮するうえで決定的に重要である。

幸い、北海道と九州には、札幌と福岡という先進国有数の大都市圏が存在する。そのため、１９７５年度から２０１６年度までのＪＲ乗車人員の推移を示した図表11・５で明らかなとおり、国鉄が東京にある本社からの全国一元管理でなおざりにしていた札幌・福岡都市圏の潜在需要に応えたＪＲ北海道・九州の地域密着経営によって、１９８７年の分割後、両都市圏の鉄

図表11・6　岡山・四国県庁所在地国鉄・JR乗車人員

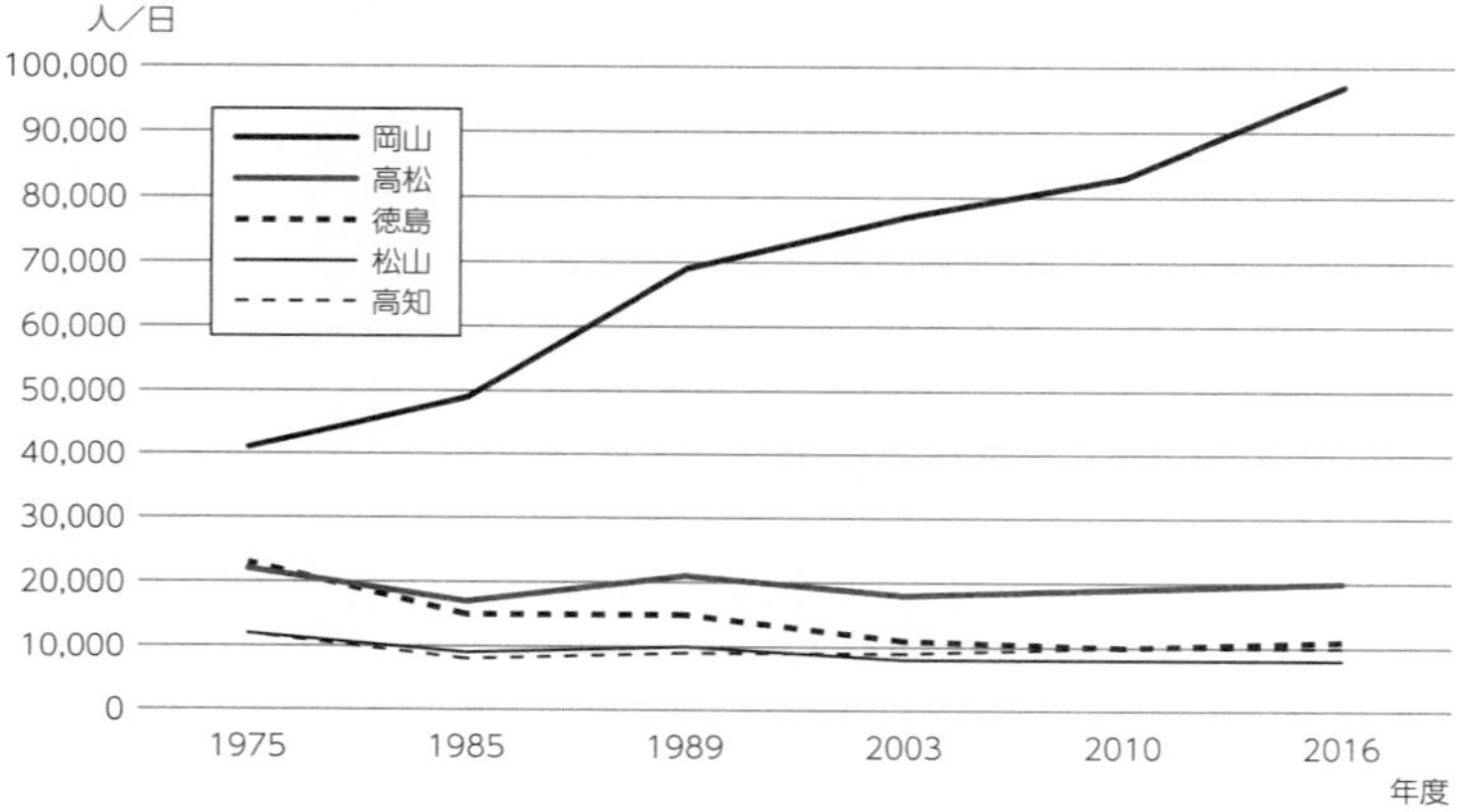

道輸送量は大幅に増えた。

ところが、北海道・九州と同じように、四国でも地域密着経営が行われたにもかかわらず、図表11・6に示したとおり、四国県庁所在地鉄道輸送量はせいぜい横ばいで、徳島に至っては分割後も低下傾向が止まらない。それに対し、瀬戸大橋で四国と鉄道で結ばれた岡山の輸送量は大きく増えている。

なぜ、瀬戸内海を挟んで北と南で明暗を分ける結果となったのか。それは、鉄道が大量輸送手段という特性を発揮するためには、岡山のような政令指定都市レベルの人口集積が必要であり、四国の四県庁所在地レベルの人口集積では限界があるからなのだ。加速する人口減少を考えれば、今後ＪＲ四国は、四国都市圏にまだ一定程度残っている需要を維持することもままならないであろう。

本四備讃線がＪＲ四国路線のなかで際立って高利用なのは、本州と四国の旅客流動が活性化されたというより、高松が岡山都市圏に組み込まれたからである。

30分おきに運行されている特急料金不要の快速列車に乗れば、高松から岡山まで1時間足らず、通勤通学も可能である。

岡山郊外路線といってよい本四備讃線（児島・宇多津間）と予讃線の一部（宇多津・高松間）を除けば、四国では鉄道が埋めるべき旅客輸送の「すき間」は狭まる一方であり、四国都市圏輸送の将来は楽観を許さない。

都市間輸送の状況はさらに厳しい。高速道路の普及と飛行機利用の大衆化で、都市間輸送において鉄道は苦戦を強いられ、1970年代の国鉄全盛期に比べ、特急（および急行）の輸送量は激減している。四国を代表する予讃線の特急（および急行）利用状況推移をみると、1975年度には1日10・5千人いた利用者が、分割が決定した1985年度には6・7千人となり、分割後も反転することなく、2018年度は4・3千人にまで落ち込んでいる（1975・1985年度は多度津・伊予西条間、2018年度は多度津・松山間）。予讃線に次ぐJR四国特急の基幹路線である高徳線や土讃線の利用者数はその半分以下なので、それでも予讃線はまだましなのだ。瀬戸大橋開業後、本四備讃線の輸送量が今日まで維持できているのは、本州・四国間の中長距離輸送減少を岡山・高松間の近距離輸送増加が埋め合わせているからといえる。

かつて四国は大阪との結びつきが強かった。しかし、東京一極集中が進み、四国も大阪ではなく東京志向が強まり、そうなれば輸送手段は飛行機となる。現在、東京・四国間の航空輸送量は国内有数の規模で、2018年度の1日当たり利用者数は、羽田・松山間4・3千人（国内11位）、羽田・高松間3・5千人（15位）、羽田・徳島間2・8千人（28位）、羽田・高知間2・7千人（30位）。大阪・四国間ですら、松山と高知は飛行機が主力と思われ、伊丹・松山間1・5千人（47位）、伊丹・高知間0・7千人（上位50位圏外）である。徳島は鳴門大橋経由の高速バスで大阪から2時間数十分で行けるので、鉄道に残った「すき間」は大阪・高松間だけということになる。

新幹線がない幸運

このような状況にもかかわらず、現在、四国の政財界は四国新幹線の建設を目指しており、ＪＲ四国も前向きのようである。そもそも四国新幹線というのはどのような前提で計画されたのか。

１９６９年に策定された新全総は、１９６４年に開業した東海道新幹線の成功を受けて、全国に新幹線網を張りめぐらすことを大きな柱としており、四国新幹線もその構想に含まれていた。

第8章で指摘したとおり、当時は国鉄都市間在来線旅客輸送と貨物輸送の全盛期で、さらなる輸送量増加は必至とされており、在来線の輸送力がパンクするのは目前に迫っていると想定されていた。東海道新幹線がそうであったように、新全総の延長線上にある田中角栄の『日本列島改造論』でも、新幹線建設が輸送力増強のためであることが強調されている。

新全総が想定していた四国新幹線輸送密度と２０１８年度の特急輸送密度を比較したのが**図表11・7**である。

岡山・松山間が予測18・8千人に対して実績4・3千人（多度津・松山間）、高松・高知間が予測17・5千人に対して実績2・1千人（多度津・高知間）、高松・徳島間が予測10・8千人に対して実績1・8千人である。四国新幹線というのは、コロナ前の4～9倍の輸送量を前提とした計画だった

図表11・7　特急輸送密度実績と新全総新幹線輸送密度予測

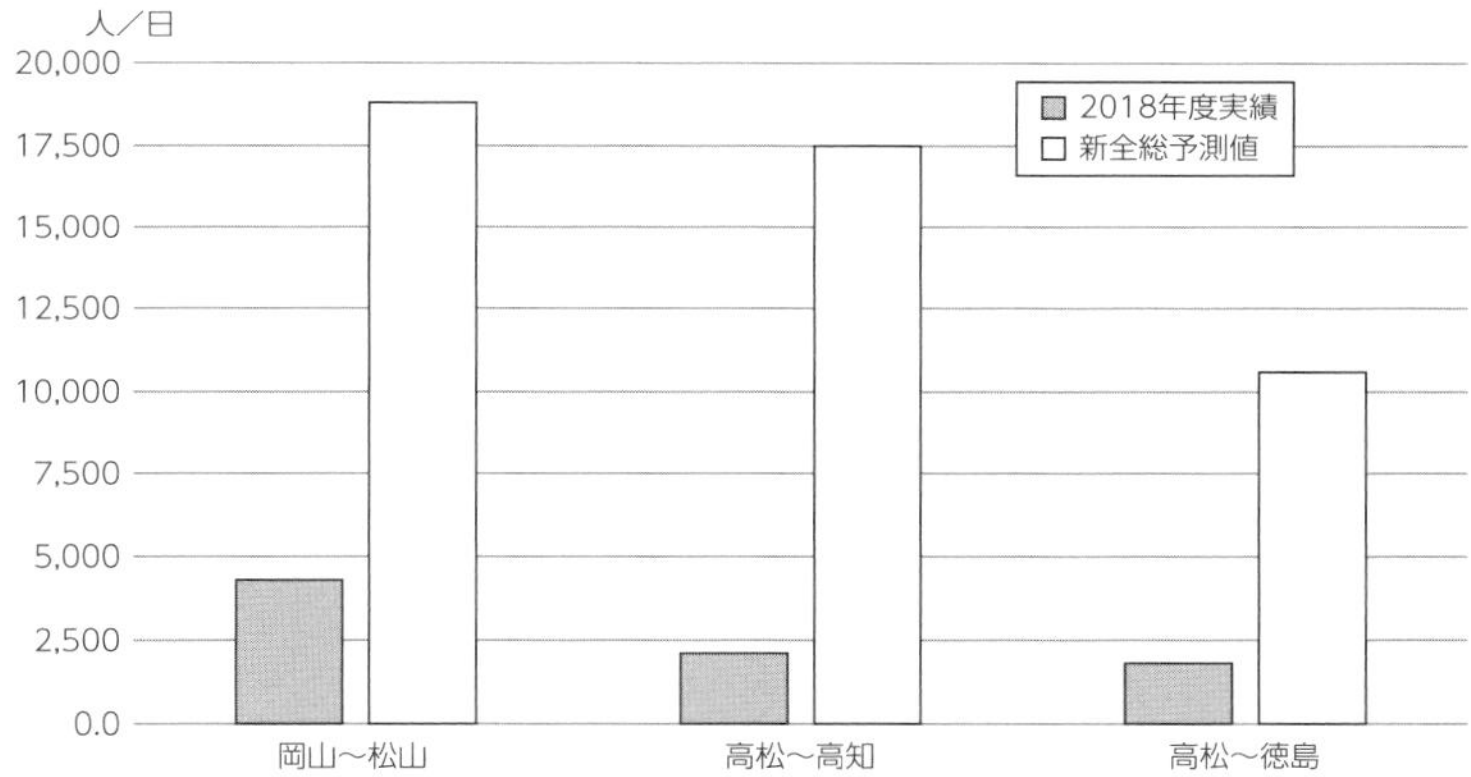

のである。

仮に新幹線開通で輸送量が現状の倍になっても、輸送密度は４～８千人程度で、ランニングコストすらまかなえない北海道新幹線（新青森・新函館北斗間）や西九州新幹線（武雄温泉・長崎間）と同水準。建設コスト負担ゼロでも赤字路線となる可能性が高い。

さらに、ＪＲ旅客会社は受益の限度内で負担するという整備新幹線建設の枠組みの下、税金を使って四国新幹線を最初はタダ同然で作ってもらっても、更新投資は誰がするのだろうか。将来、今以上に人口減と高齢化に苦しむ日本で、閑古鳥が鳴くに違いないローカル新幹線の維持更新に税金を投入するという贅沢が許されると、ＪＲ四国経営者は信じているのだろうか。

実は、瀬戸大橋も新幹線と同じ問題を抱えている。国鉄改革にあたり、建設資本費６千億円の瀬戸大橋鉄道部分（本四備讃線）は、本四公団（現在は高速道路機構）が保有し、ＪＲ四国は利用料を支払って使うこととなった。年間利用料は、近年は２０２０年度まで年間7億円弱だったのが、２０２１年度に２・５億円に軽減された。これまで累計で３９０億円支払っただけで、今後も年間２・５億円しか支払わないのであれば、完済するには利子ゼロでも２千年以上かかる計算である。

当初建設コストは今後の意思決定に無関係な埋没費用であっても、鉄道運行を続けるには、施設の維持更新が欠かせない。実際、開業から日が経って、施設の老朽化が進み、大規模改修の必要性が高まっており、ＪＲ四国もこの問題を強く意識している。

「四国における鉄道ネットワークのあり方に関する懇談会Ⅱ：ＪＲ四国資料」（２０１９年10月18日）には、「本四備讃線のコスト負担」と題して、こう記してある。

> 開業30年が経過し、鉄道単独部・専用部に係る構造物・設備等の維持・更新投資が必要となる。当社資産ではないため減価償却費を計上しておらず投資更新に備えた内部留保が出来ていない。本四備讃線は、約２４，０００人／日のご利用があるものの、膨大な設備の維持更新を考慮した場合、そのコスト負担が大きな課題となる。

瀬戸大橋線の維持更新という深刻な問題があることを十分に認識しているＪＲ四国が、なぜ同じ問題をさらに大きなスケールで将来もたらすことになる新幹線建設に反対しないのだろうか。本四備讃線に関しては、２０２０年12月に発表された国の支援策により、瀬戸大橋の更新コストを鉄道・運輸機構が負担することとなった。新幹線も作ってしまえば、最後まで国が面倒をみてくれると信じてい

図表11・8　会社別輸送密度・列車頻度・列車当たり乗客数（2018年度）

会社名	輸送密度（千人／日）	列車頻度（本数／日）	乗客数（人／列車）	1988年度比 輸送量（人キロ）	1988年度比 列車運行量（列車キロ）	1988年度比 路線網（キロ）	1985年度比* 輸送量（人キロ）	1985年度比* 列車運行量（列車キロ）	1985年度比* 路線網（キロ）
JR東海	91.4	154	594	146%	134%	99%	165%	152%	95%
JR東日本	50.9	95	538	125%	103%	98%	139%	119%	108%
JR西日本	33.4	104	322	123%	112%	94%	131%	125%	91%
JR九州	11.2	76	147	117%	120%	101%	125%	145%	85%
JR四国	4.5	63	72	67%	105%	100%	87%	139%	99%
JR北海道	4.6	34	136	96%	86%	80%	106%	91%	67%
近鉄	59.1	308	192	75%	90%	84%	78%	95%	86%
名鉄	44.7	246	181	100%	109%	82%	103%	112%	82%
西鉄	40.8	224	182	75%	72%	79%	74%	61%	73%
長野電鉄	6.4	88	72	66%	62%	47%	64%	62%	47%
伊予鉄道	6.1	124	49	80%	110%	100%	76%	119%	100%
しなの鉄道	5.6	63	90	—	—	—	—	—	—

＊鉄道のみ宇高・青函航路を含まず

るのだろうか。企業としてのＪＲ四国を自ら破滅に追い込み、半永久的に膨大な税金投入を余儀なくさせるための玉砕戦法ということなのかもしれない。

報われない努力

ＪＲ四国が分割から30有余年、６つの旅客会社のなかで唯一、コロナ前の時点で国鉄最終年度に比べ大きく輸送量を減らし、長期低迷にあえいでいるのは、企業努力が足りなかったからではない。むしろ、限られた人的物的資源のなかで、利便性向上に最も力を入れてきたのはＪＲ四国なのである。

具体的な数値で、ＪＲ四国の奮闘ぶりを確認してみよう。

ＪＲ各社ごと、毎日全路線平均して、どれだけ利用者がいるか（輸送密度）、どれだけ列車が運行されているか（列車頻度）、そして１列車当たりどれだけ乗っているかを、コロナの影響が全くなかった2018年度の数値で示したのが**図表11・8**である。

比較のため、大手民鉄のなかではＪＲ東日本・西日本並みに輸送密度の低い近鉄・名鉄・西鉄と、中小私鉄ではＪＲ四国と輸送密度が同程度の長野電鉄・伊予鉄道（軌道は除く）・しなの鉄道（ＪＲ東日本から分離された三セク鉄道）のデータも併せて示した。

このデータから浮かび上がるのは、私鉄と比較して、ＪＲ各社とくにＪＲ東日本の列車頻度がかなり低いという事実である。もちろん、輸送密度が低いすなわち利用者が少なければ列車本数が少ないのは当然である。しかし、輸送密度で同程度の近鉄、名鉄、西鉄の列車頻度がそれぞれ３０８本、２４６本、２２４本なのに、ＪＲ東日本は95本で半分にも満たない。本数の相対的少なさを反映し、列車当たりの乗客数は、逆にＪＲ東日本が５３８人で、近鉄１９２人、名鉄１８１人、西鉄１８２人の3倍の水準である。

関西の通勤輸送と山陽新幹線を2本柱とする点で、ＪＲ東日本と似た営業基盤を持つＪＲ西日本と比べても、やはりＪＲ東日本の列車本数の少なさは目立っている。ＪＲ東日本の7割程度の輸送密度しかないＪＲ西日本の列車頻度が１０４本で、ＪＲ東日本より多いという逆転現象が起こっているのだ。運行本数を少なくし1列車当たりの乗客を多くするというのは、投資家からは効率経営として賞賛されるにしても、利用者からみれば望ましいとはいえない。

一方、ＪＲ四国は輸送密度の低さを考えれば、相対的に高い列車頻度を維持している。輸送密度で倍以上のＪＲ九州の8割、輸送密度が同程度のＪＲ北海道の倍近い63本となっている。そのため、ＪＲ四国の1列車当たり乗客数は72人で、ＪＲ九州・北海道の半分の水準。これはＪＲ九州・北海道のサービス水準が低いからとみるべきではない。ＪＲ九州・北海道はそれぞれ輸送密度がＪＲ東日本の

図表11・9　JR個別区間輸送密度・列車頻度・列車当たり乗客数（2018年度）

会社名	区間	輸送密度（千人／日）	列車頻度（本数／日）	乗客数（人／列車）
JR東日本	福島～白石	5.9	40	149
JR東日本	宇都宮～日光	5.8	45	128
JR東日本	水戸～常陸大宮	5.4	43	125
JR西日本	岡山～総社	6.0	61	98
JR西日本	奈良～高田	5.1	57	88
JR九州	早岐～諫早	5.0	54	93
JR四国	徳島～阿南	4.8	62	77

2割と1割しかないのに、列車頻度は8割と4割の水準に達している。

分割して1年経った青函トンネル・瀬戸大橋開業後の1988年度の状況と比べると、四国の輸送量（人キロ）は33％減少したのに、逆に列車運行量（列車キロ）を5％増やしている。JR四国は利用者が減っても列車本数を削減せず、相対的に高いサービス水準を維持してきているのである。

それに対し、JR東日本は輸送量が25％増えたのに、列車運行量はわずか3％しか増やしていない。一方、JR東海・西日本・九州はおおむね輸送量増加に合わせて列車運行量を増やしている。なお、JR四国はJRのなかでは輸送密度を勘案すれば際立って高い列車頻度を維持しているけれども、中小私鉄の数値と比較すれば、むしろ普通の水準といってよい。

JR各社ごとに営業基盤が違うので、全社計で比較しても、各社サービス水準の優劣を正しく評価することはできないという意見もあろう。そこで、JR各社の類似する営業線区の2018年度数値を同様に示したのが図表11・9である。普通列車主体の中規模都市圏輸送を担う輸送密度5千人程度の、路線ではなく列車運行の実態に合わせた区間を7つ（東日本3区間、西日本2区間、九州1区間、四国1区間）選んだ。個別区間でみても、JR東日本管内区間の列車頻度の低さ、1列車当たり乗客数の多さが目立っている。それに対し、JR四国管内区間はその逆で、JR西日本・九州はその中間という、全社計と同じ傾向がみて取れる。

こうしたJR四国の他JR旅客5社を凌駕する利便性向上努力にもかかわらず、四国の鉄道輸送量低下を押しとどめることはできなかった。鉄道輸送というのは、経営努力以前に、人口集積という客観的条件に決定的に左右されるのである。

困難な再生プランの策定

それでも、JR四国が企業として生き残る可能性はあるのか。

分割後、瀬戸大橋開業で四国が本州と線路でつながった1988年度から今日までのJR四国の経営成績の推移を示したのが**図表11・10**である。以下、コロナの影響が全くなかった2018年度の数値で議論する。なお、2019年度の数値もほとんど同じである。

輸送量が21・2億人キロから14・1億人キロと3分の2になったことを反映し、1988年度には349億円あった運輸収入が、2018年度には226億円まで減少し、運輸収入以外の収益も含んだ鉄道事業営業収益でみると、412億円から262億円に減っている。一方、この間、営業費は510億円から397億円に減少したので、差し引きで営業損失は37億円悪化し、98億円から135億円に増加した。

図表11・10　JR四国経営成績

（単位：億円）

	年度	1988	2000	2010	2014	2015	2016
鉄道事業	営業収益	412	357	266	260	270	273
	運輸収入	349	306	228	225	234	236
	定期外収入	312	261	183	181	189	192
	定期収入	38	45	45	44	45	45
	その他収入	62	51	38	35	36	36
	営業費	510	440	359	375	379	392
	償却費以外	413	378	307	323	326	334
	減価償却費	96	63	52	52	53	58
	償却前損失	△2	△21	△41	△64	△56	△61
	営業損失	△98	△84	△93	△116	△109	△119
全事業*	営業損失	△108	△91	△87	△102	△90	△101
	基金運用収益等	151	96	74	182	107	90
	基金運用収益	151	96	74	147	72	55
	運用補助				35	35	35
	その他営業外損益	14	3	5	13	5	9
	経常損益	57	9	△8	93	22	△2
輸送量	（億人キロ）	21.2	16.9	13.8	13.9	14.2	14.6
列車運行量	（億キロ）	0.19	0.21	0.21	0.20	0.21	0.20

		2017	2018	2019	2020	2021	2022
鉄道事業	営業収益	278	262	261	146	163	209
	運輸収入	240	226	225	119	132	178
	定期外収入	195	182	181	82	93	138
	定期収入	45	43	44	37	39	39
	その他収入	38	36	36	27	30	31
	営業費	401	397	397	377	367	394
	償却費以外	338	330	330	296	296	326
	減価償却費	64	66	67	81	71	68
	償却前損失	△60	△69	△69	△150	△133	△117
	営業損失	△123	△135	△136	△231	△204	△185
全事業*	営業損失	△100	△115	△120	△259	△221	△171
	基金運用収益等	104	106	103	136	177	157
	基金運用収益	69	71	68	101	142	122
	運用補助	35	35	35	35	35	35
	その他営業外損益	7	6	10	15	12	14
	経常損益	11	△3	△7	△108	△32	0
輸送量	（億人キロ）	14.8	14.1	13.8	8.8	9.2	11.2
列車運行量	（億キロ）	0.20	0.20	0.20	0.19	－	－

*1988・2000年度は単体

分割時の想定では、会社発足にあたって一種の「手切れ金」として与えられた経営安定基金2,082億円を運用して得られる収益で、100億円程度の営業損失はカバーできるはずであった。ところが、「バブル」崩壊後の金利低下で、この収益補填の枠組みが崩れてしまう。そのため、1990年代後半から、当初はJR本州3社、現在では国による様々な追加支援が行われ、コロナ前まで経常損益段階ではほぼ収支均衡が保たれていた。

しかし、鉄道輸送は、道路や水道などとは異なり、最終的には国の責任で誰にでも提供されるべきユニバーサルサービスの性格をもはや持っておらず、基本的に利用者負担で運営されるべきであり、税金投入には慎重でなければならない。

現在のように、漫然と赤字を税金で補填し、問題の先送りを半永久的に続けることは、結果的にその税金負担を強制されている国民に対する背信行為である。拙著『鉄道は生き残れるか』でも言及したJR本州3社による不透明な支援については、**終章**で再度取り上げる。

では、どうすればよいのか。**第12章**で詳述するとおり、JR北海道の場合、高利用路線と閑散路線の二分化がすすんだため、在来線路線網の7割を廃止しても、残った3割の営業路線で従来の9割の輸送量を維持できる。そのため、大幅なコスト削減による収支の改善が可能となる。

それに対し、JR四国の場合、高利用路線がほとんどない代わりに、極端に低利用の路線もあまりないという「中途半端」な状況にある。したがって、JR北海道のように、思い切った選択と集中で経営改善を図るということは難しい。

もちろん、児島・高松間44キロをJR西日本に移管して、そのほかの路線を全廃するという究極の

図表11・11　JR四国2018年度実績

(単位：億円)	営業キロ		輸送量(億人キロ)		輸送密度(千人)	運輸収入	運輸経費	その他鉄道損失	鉄道事業損失	共通費再配賦後	その他事業利益	全事業営業損失
基幹線区	409	48%	11.7	83%	7.9	184	244	△4	△65	△80		
瀬戸内線区	352	41%	10.8	76%	8.4	169	217	△4	△53	△68		
高知線区	57	7%	1.0	7%	4.7	15	27	△0	△12	△12		
周辺線区	205	24%	1.8	13%	2.4	33	60	△1	△28	△28		
閑散線区	241	28%	0.6	4%	0.7	8	50	△0	△42	△27		
合計	855	100%	14.1	100%	4.5	226	355	△5	△135	△135	20	△115

選択はあり得る。鉄道がなくとも、四国は高速道路網が発達しており、都市間輸送は高速バスで代替できる。ただし、不可能ではないにしても、鉄道に代わる路線バスの増発で、4つの県庁所在地の道路交通には大きな負荷がかかると思われる。

そこで、可能な限り路線網を残しつつ、追加支援なしで、JR四国の経営を立て直すことができるかどうか検討する。

まず、今以上のコスト削減は困難、というより望ましくない。JR四国は、瀬戸大橋開業直後と比べ輸送量が大きく減少したのに、列車運行量を当時の水準のまま維持している。にもかかわらず、鉄道事業営業費が100億円以上減少しているのは、可能な限りの合理化を行った結果と思われ、これ以上、経費を削減することは安全な鉄道運行を危うくしかねない。すでに、列車運行量に比し、現状では経費をカットしすぎている可能性がある。したがって、現状のコスト構造を前提に、JR四国の再生案を考えねばならない。

図表11・11は、2018年度の実績をもとに推計したセグメント別収支である。現在の路線網855キロを、基幹線区409キロ（7・9千人）、周辺線区205キロ（2・4千人）と閑散線区241キロ（0・7千人）に分け、基幹線区はさらに瀬戸内線区352キロ（8・4千人）

と高知線区57キロ（4・7千人）に分けた（かっこ内は輸送密度）。基幹線区のうち、瀬戸内線区が本四備讃線児島・宇多津間、予讃線高松・伊予市間、土讃線多度津・琴平間、高徳線高松・徳島間、牟岐線徳島・阿南間および徳島線佐古・鴨島間、高知線区が土讃線土佐山田・須崎間からなる。周辺線区は、予讃・内子線伊予市・宇和島間、土讃線琴平・土佐山田間および徳島線鴨島・穴吹間からなる。それ以外は閑散線区である。

２０１８年度の鉄道事業損失１３５億円の内訳は、基幹線区65億円、周辺線区28億円、閑散線区42億円である。ただし、この損失内訳は共通費が配賦されたベースである。閑散線区に配賦された15億円を基幹線区に配賦し直すと、基幹線区の損失は80億円となる。したがって、仮に閑散線区を廃止しても、収支は27億円（＝42－15）しか改善せず、全事業営業損失は１０８億円という高水準にとどまるので、経営安定基金の収益だけではカバーできない。

それでも生き残る余地あり

国鉄改革は、分割後の三島会社輸送量減少を前提に組み立てられており、経営安定基金からの収益だけで鉄道事業の赤字を埋め合わせることができるなどという甘い見通しに立っていたわけではない。運賃を徐々に上げることが計画されていたのである。

本来であれば、唯一国鉄改革の予想どおり輸送量が減少したＪＲ四国は、計画どおり継続的な運賃改定を行うべきであった。国鉄運賃は全国一律ゆえ地方中小私鉄運賃より大幅に低い水準に抑えられていたので、こうした地方私鉄と同様の環境下にあるＪＲ四国がその水準まで運賃を改定することは、

図表11・12　運賃比較

（単位：円）

	1987年	1995年	2022年					2023年	
乗車キロ	国鉄	JR全社	本州三社	JR北海道	JR四国	ことでん*	伊予鉄道*	JR四国	ことでん*
7～10	180	190	200	290	220	360	380	280	400
16～20	300	310	330	440	360	500	670	430	590
46～50	780	800	860	1,130	970	—	—	1,080	—
91～100	1,540	1,590	1,690	2,100	1,830	—	—	2,010	—
1人1キロ当たり収入（2019年度）					16	23	30		

*ことでんは8～10、18～20キロ、伊予鉄道は7～9、17～19キロの運賃

「運賃値上げ」というより「運賃適正化」というべきである。

ところが、ＪＲ四国はコロナ前まで、消費税の転嫁以外は、１９９６年に１００キロ以下を１割程度（１００キロ超は数％）値上げしただけで、２０２３年５月にやっと本格的な値上げを27年ぶりに行った。図表11・12は、国鉄最後の１９８７年、ＪＲ全社同一運賃だった１９９５年、２０２２年および２０２３年の運賃を比較したものである。

ＪＲ四国の２０２２年までの運賃水準は、会社発足後消費税転嫁しかしていなかった本州３社より１割ほど高いだけで、ＪＲ北海道より２割ほど低く、高松・松山都市圏輸送のライバル、ことでん・伊予鉄道（２０２１年に値上げ）より３～５割低い水準であった。２０２３年の値上げでＪＲ北海道並みとなったけれども、ことでん（同時に値上げ）・伊予鉄道より３～４割低い水準のままである。

１人１キロ当たりの運輸収入（２０１９年度）で比較すると、特急料金等を含めてもＪＲ四国の16円に対し、ことでんは23円、伊予鉄道は30円で、それぞれＪＲ四国の１・４倍、１・８倍である。

ＪＲ四国の運賃水準はこれまで低すぎ、２０２３年の値上げ後もまだ低い。そこで、１人１キロ当たりの収入をライバル中小私鉄並

図表11・13　JR四国再生案（ケース1）

（単位：億円）	営業キロ		輸送量（億人キロ）		輸送密度（千人）	運輸収入	運輸経費	その他鉄道損失	鉄道事業損失	その他事業利益	全事業営業損失
新JR四国	614	72%	11.5	96%	5.1	277	320	△5	△48	20	△28
基幹線区	409	48%	10.0	83%	6.7	235	259	△4	△29		
瀬戸内線区	352	41%	9.1	76%	7.1	215	232	△4	△21		
高知線区	57	7%	0.8	7%	4.0	19	27	△0	△8		
周辺線区	205	24%	1.5	13%	2.0	43	60	△1	△19		
四国地方鉄道	241	28%	0.5	4%	0.6	10	35	△0	△25	0	△25
合計	855	100%	12.0	100%	3.8	288	355	△5	△73	20	△53

図表11・14　JR四国再生案（ケース2）

（単位：億円）	営業キロ		輸送量（億人キロ）		輸送密度（千人）	運輸収入	運輸経費	その他鉄道損失	鉄道事業損失	その他事業利益	全事業営業損失
新JR四国	614	72%	10.8	96%	4.8	261	320	△5	△64	20	△45
基幹線区	409	48%	9.4	83%	6.3	221	259	△4	△43		
瀬戸内線区	352	41%	8.6	76%	6.7	203	232	△4	△34		
高知線区	57	7%	0.8	7%	3.8	18	27	△0	△9		
周辺線区	205	24%	1.4	13%	1.9	40	60	△1	△21		
四国地方鉄道	241	28%	0.5	4%	0.5	10	35	△0	△26	0	△26
合計	855	100%	11.3	100%	3.6	271	355	△5	△90	20	△70

みの水準に引き上げるため、運賃（料金）を２０２２年比で１・５倍に改定する前提で、ＪＲ四国再生案を策定する（２０１８年度収支が基準なので、正確には消費税２％分転嫁前運賃の１・５倍）。それが図表11・13、図表11・14である。なお、物価水準が上昇した場合は、その分も連動して値上げする。

運賃を値上げしてもコロナ禍が去ればコロナ前の輸送量まで回復するという楽観的仮定は置かず、15％減少すると仮定（価格弾力性０・４）したのがケース１である。その結果、運輸収入は２０１８年度の２２６億円から62億円増えて２８８億円となる。運輸経費は現状のままとして３５５億円、その他鉄道損失も現状のまま５億円とし、差し引き鉄道事業損失は73億円で、２０１８年度実績より62億円改善する。その他事業利益を加えて、全事業営業損失は53億円となる。

さらに、ＪＲ四国から閑散線区を切り離し、当該路線を運営する別法人として四国地方鉄道を設立する。その結果、新ＪＲ四国の鉄道事業損失は48億円、全事業営業損失は28億円となる。経営安定基金２，０８２億円のうち、新ＪＲ四国に１，１００億円残すことで、営業損失をちょうどカバーする年間30億円程度の運用収益をあげることは十分可能であろう。周辺線区は廃止も検討する。

四国地方鉄道は当分の間、全線廃止対象の閑散路線の運営を行い、鉄道事業損失すなわち全事業損失は25億円となる。経営安定基金を９８２億円移管することで、当面は、営業損失をちょうどカバーする運用収益をあげることは十分可能であろう。

ケース２は、運賃値上げで輸送量が２割減少すると仮定（価格弾力性０・55）した場合である。ケース１より運賃収入が17億円減り、新ＪＲ四国の鉄道営業損失は64億円、全事業営業損失は45億円となる。収支を均衡させるには、経営安定基金を新ＪＲ四国により多く残す必要が出てくる。その結果、基金移管額が減少する四国地方鉄道は、当初から営業損失を運用収益でカバーすることが難しくなる。

本来、もはや鉄道の特性を発揮できない閑散路線は速やかに廃止することが望ましい。路線廃止は決して地域交通切捨てではない。鉄道という輸送手段ではなく、輸送という機能の提供をないがしろにすることは国鉄改革の趣旨にも反する。閑散路線営業キロは２４１キロなので、ケース１の場合、ただちに廃止すれば、経営安定基金を使って、キロ当たり４億円の交付金を地元自治体（県あるいは市町村）に渡すことができる（ケース２の場合は１～２億円）。国鉄末期に同様の仕組みがあったものの、当時の転換交付金はキロ当たり最大３千万円だったので、その10倍を超える水準である。新Ｊ

R四国に一旦残すとした周辺線区に同様の措置をとることも検討に値する。

国は「基金の流用は禁じられている」と反論するだろう。しかし、それは整合性のない主張である。国とJR九州は、株式上場にあたって、経営安定基金を新幹線貸付料の一括支払に流用した前例がすでにあるのだ。それに比べれば、転換交付金に用いることは、はるかに国鉄改革で想定された経営安定基金の趣旨に沿った使い方である。この再生案の下では、新JR四国はことでん・伊予鉄道並みの輸送密度・運賃水準の会社となる。経営安定基金が与えられている優位性を考えれば、収支均衡した自立企業に生まれ変わることは、ある意味、当然かもしれない。

もう1つの案として、周辺線区も四国地方鉄道に移管し、経営安定基金もすべて渡したうえで、基幹線区からなる新JR四国がJR西日本の傘下に入ることも選択肢の1つである。上場会社としてJR西日本が株主利益に反する救済を行うことが許されないことはいうまでもない。しかし、JR西日本がJR四国を事実上の四国支社とすることで、JR四国の本社機能が不要となり、鉄道運行とは関係ないコストの削減が期待できる。また、一体化による様々な効率化、四国主要都市の開発等、鉄道以外の事業のシナジーの可能性もある。したがって、閑散線区・周辺線区を切り離したうえでのJR西日本子会社化は、JR西日本株主にとっても悪い話ではない。

域内に大都市圏を欠くことから、分割後、JR北海道・九州と対照的に、輸送量を大幅に減らしたJR四国にとって、子や孫の世代に大きなツケを残す新幹線がないことは、むしろJR北海道・九州にはない強みと考えるべきなのだ。JR四国の将来は、四国新幹線という高度成長期の亡霊と決別し、大きな「中小私鉄」に徹することができるかどうかにかかっている。

第12章

JR北海道を三分割せよ

─ローカル線・新幹線・貨物という三重苦からの脱却

明暗を分けた北海道と四国の鉄道

コロナ前から、JR北海道の経営は危機的状況に陥っており、2018年度は111億円、2019年度は135億円の経常赤字であった。この現状を、国鉄改革の失敗が露呈したものだとする意見がある。しかし、以下に述べるように、国鉄改革自体は成功したけれども、分割民営化後すぐに取りかかるべきだった改革の継続を怠ってきたことに今日の危機の根源があるのだ。

1985年6月に中曽根首相によって総裁ら幹部が更迭されるまで、国鉄経営陣は分割に反対し、全国一体の特殊会社方式を主張し続けた。とはいえ、1985年1月に発表した最後の独自改革案「基本方策」で、国鉄は北海道と四国の鉄道網に関して、「将来の見通しからみて民営による安定的運営は至難である。しかし国の政策判断により特別に運営基盤が確立されるならば別経営とすることも考えられる」とした。つまり、北海道と四国は利用者が減るため、単に分割民営化するだけでは行き詰まるだろうと国鉄経営陣はみていたのである。

それは、国鉄の旧体制派のみならず、国鉄改革を推進した側も同じ認識だった。改革を推進した監理委が1985年7月に中曽根首相に提出した「最終意見」では、九州も含めた北海道、四国の三島会社の輸送量が、国鉄後期同様、分割後も減少し続けることを想定していた。

なかでも民営化後のJR北海道は最も経営環境が厳しいと考えられたため、三島会社のために用意した経営安定基金計1・3兆円の過半となる6、822億円が与えられた。

「最終意見」では、世論とくに沿線地方自治体への配慮から、ローカル線の廃止について具体的な言及は避けられたものの、「会社の健全経営を阻害することのないよう地域の実情に即した運営」を行うこととされた。実際には、1984年8月に公表された監理委第二次緊急提言にあったように、国鉄末期にすでに廃止が決まっていた特定地方交通線以外のローカル線も、新会社の下で遅かれ早かれ廃止されるのは必至とみられていた。

ところが、図表12・1に示したように、北海道の鉄道輸送量は1987年度にJR北海道が発足したのを境に増加に転じる。分割前の予想では、1990年度には38億人キロ、2000年度には33億人キロまで減少するとされていたのに、実際は、1990年度は46・3億人キロ、1992年度には48・7億人キロに達した。その後、輸送量は減ったものの、2000年度は43・8億人キロ、コロナの影響がなかった最後の年度である2018年度は42・6億人、2019年度は40・9億人キロで

図表12・1　JR北海道・四国輸送量

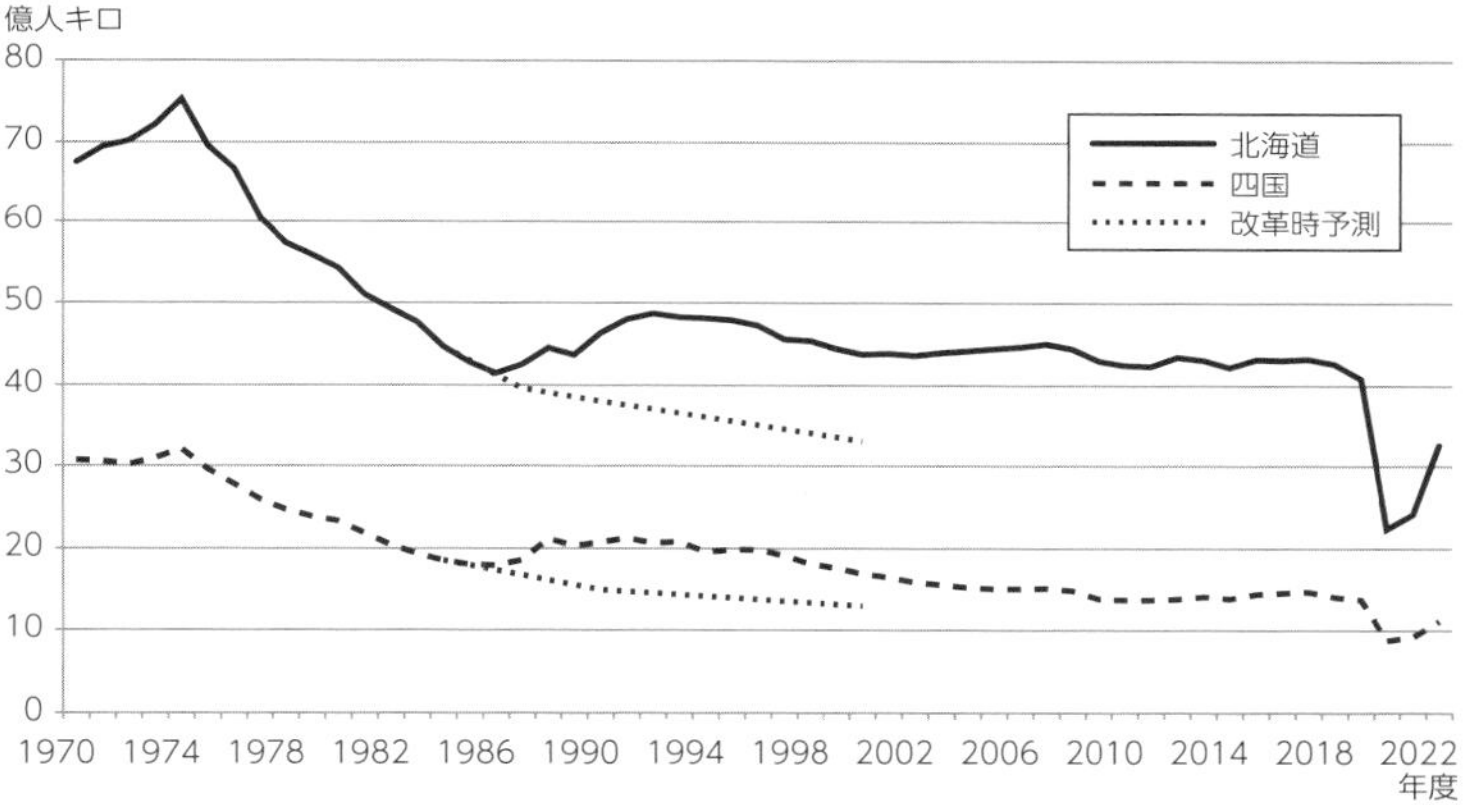

あった。

２０１８年度の輸送量は国鉄最後１９８６年度の41・５億人キロを若干上回り、ＪＲ北海道が発足した１９８７年度42・６億人キロと同じ、青函トンネルが開業した１９８８年度の44・６億人キロを若干下回る水準である。

要するに、分割後は到底維持できないと思われていた国鉄末期の輸送量水準をＪＲ北海道はコロナ前まで保っていたのである。

一方、分割後のＪＲ四国は、瀬戸大橋開通によって本州と路線がつながった効果もあり、一旦、持ち直したものの、事前の予想どおり、輸送量が減少し続けたことは第11章で指摘したとおりである。本当に鉄道が危機的状態にあるのは、ＪＲ北海道ではなく、ＪＲ四国なのだ。なお、データの連続性を保つため、１９８７年度以前のデータには青函・宇高連絡船輸送量を鉄道輸送量に換算して加えてある。

図表12・２　JR北海道輸送量

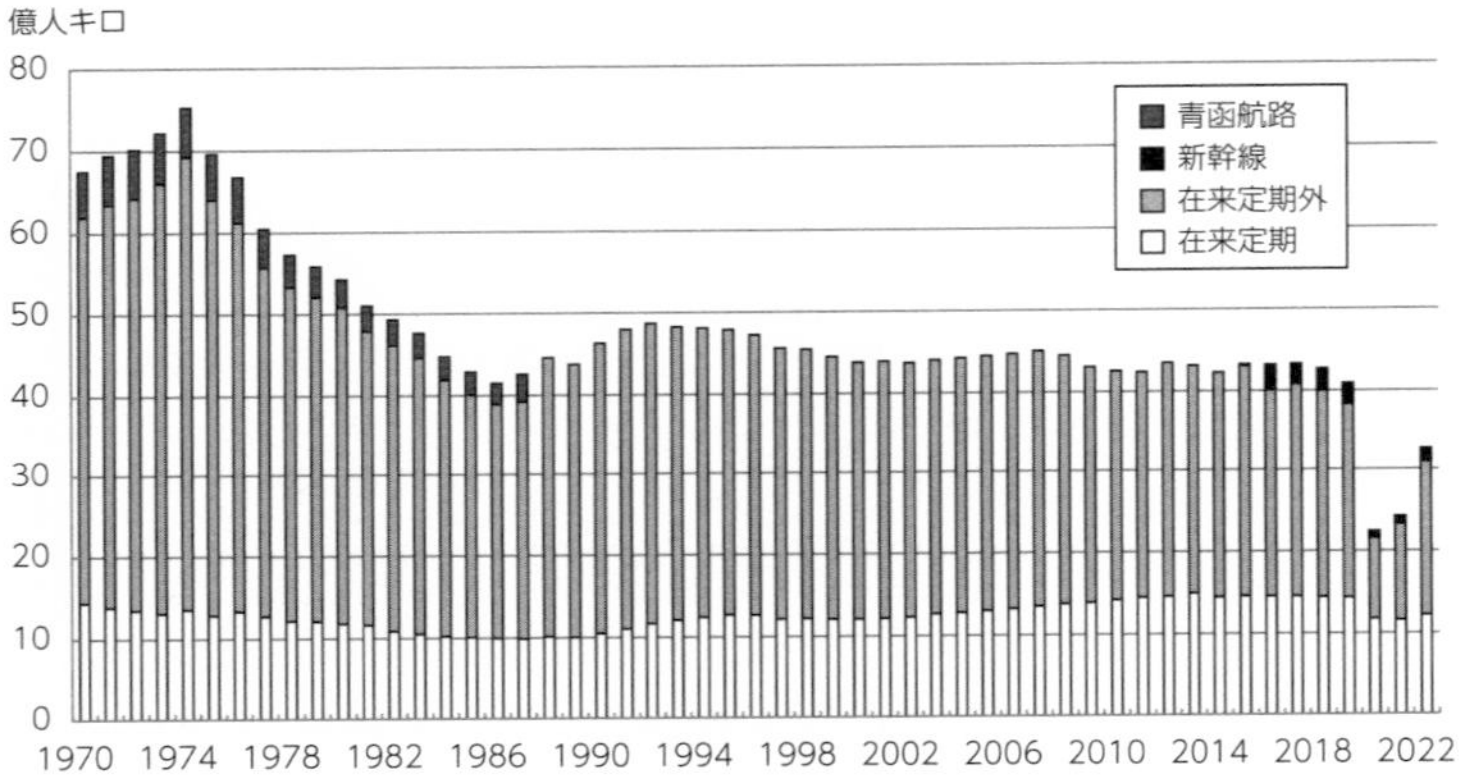

輸送内容の劇的変化

コロナ前の北海道の輸送量は分割前後とほとんど同じながら、その内容は大きく変わった。以下、２０１８年度の数値で議論する。

図表12・２に示したように、ＪＲ北海道となってから、定期輸送量は順調に増え、初年度１９８７年度の９・９億人キロが２０１８年には14・５億人キロとなる。一方、定期外輸送量は１９８７年度に青函連絡船換算分を加えると32・７億人キロだったのが、２０１８年度には新幹線・在来線計で28・２億人キロまで減っている。

北海道に限らず、ローカル線列車に乗ると、利用者の多くが通学する高校生であることがわかる。とはいえ、少子化で高校生の数は減る一方である。北海道で定期輸送量が増えたのは、国鉄時代なおざりにされてきた札幌都市圏輸送が激増したからである。

図表12・３は、国鉄最後の１９８６年度と２０１８年度の幹線の輸送密度を比較したものである。

図表12・３　幹線輸送密度比較

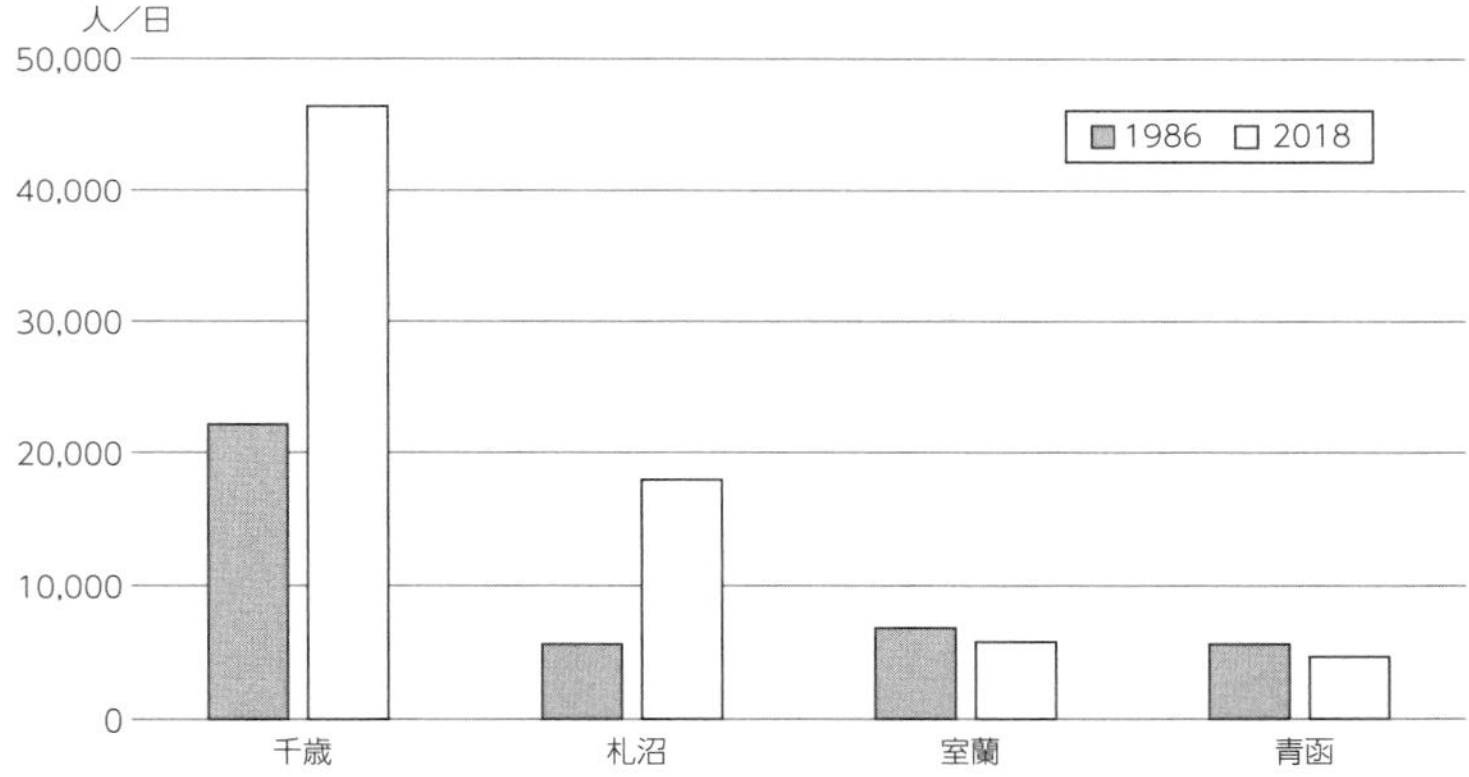

通勤路線である札幌（桑園）と北海道医療大学を結ぶ札沼線は5千人から3倍以上増え18千人に、札幌（白石）と苫小牧を結ぶ千歳線は22千人が2倍強増え46千人となった。千歳線に関しては、国鉄時代から北海道の玄関口が函館から千歳空港に移った実態に合わせた列車運行が始まっており、１９９２年７月の空港乗入線の開業でさらに推進された。

札幌近郊路線の激増に対し、同じ幹線でも苫小牧と長万部を結ぶ室蘭線の輸送量は６・７千人から５・７千人に減少している。また、新幹線が開業したにもかかわらず、青函トンネルの利用者は４・６千人で、トンネル開業前でまだ青函連絡船だった国鉄最終年度の５・５千人よりも少ない。それでもローカル線の惨状に比べれば、まだましである。

図表12・４は、旭川と網走を結ぶ石北線、旭川と稚内を結ぶ宗谷線、釧路（東釧路）と網走を結ぶ釧網線の３つの現役路線と、国鉄末期に特定地方交通線に選定され分割前後に廃止となった６線区（広尾線、池北

図表12・4　ローカル線輸送密度比較

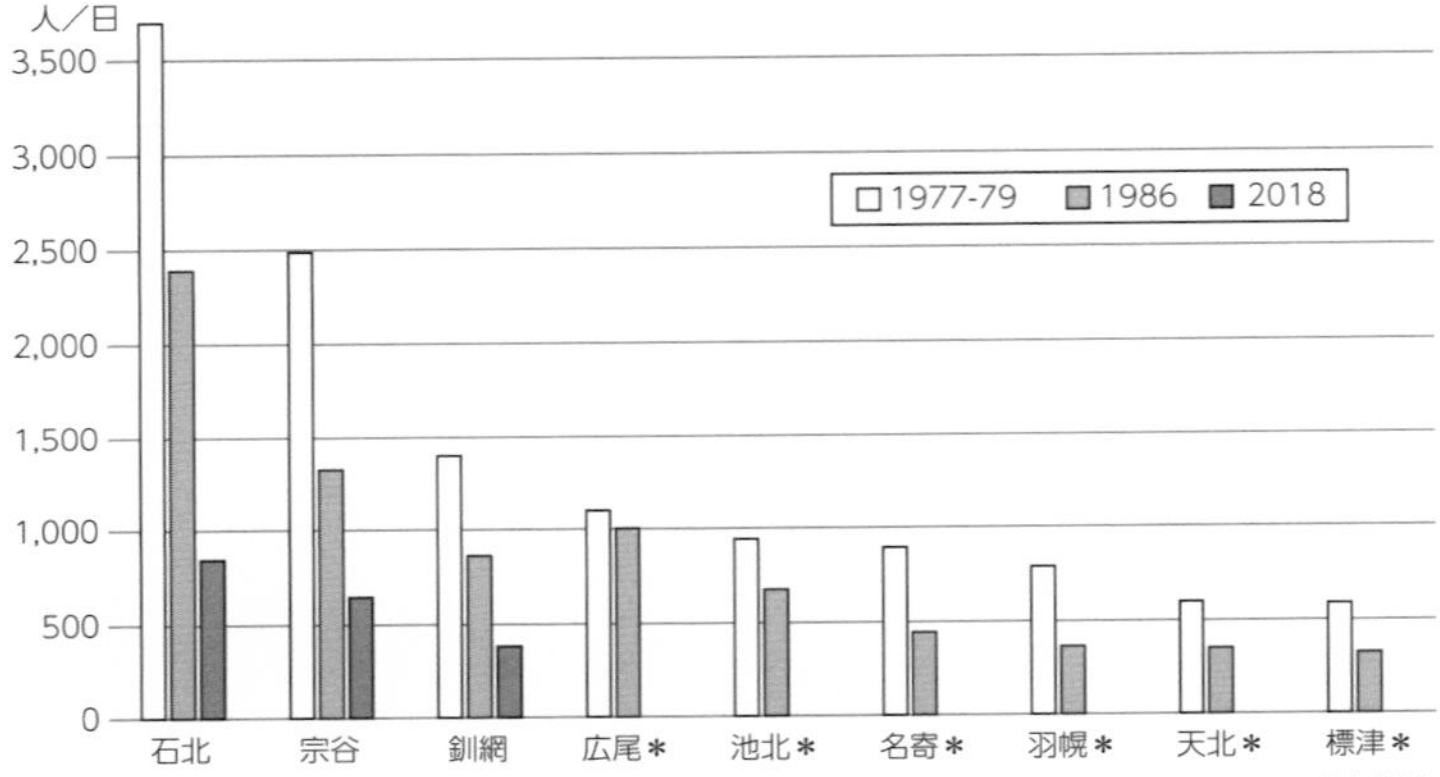

＊は廃止路線

線、名寄線、羽幌線、天北線、標津線）について、１９７７～79年度平均、１９８６年度および２０１８年度（現役路線のみ）輸送密度を比較したものである。１９７７～79年度３年間の平均を示したのは、この数値が特定地方交通線選定の基準になったからである。

北海道で特定地方交通線に選定された22線区１、４５３キロのうち、広尾線は最も輸送量が多かった路線の１つであり、その他５線区はすべて１００キロを越える長大路線である。また、池北線は北海道で選定された路線で唯一、バス転換ではなく第三セクター「北海道ちほく高原鉄道ふるさと銀河線」として残ったものの、２００６年に廃止された。

国鉄末期の路線廃止に対する考え方で注意を要するのは、儲からないからではなく、鉄道としての特性が発揮できないというのが廃止理由であったことは、**第５章**でも指摘したところである。だからこそ、基準である４千人未満でも、最混雑時の輸送量、道

図表12・5　沿線都市人口

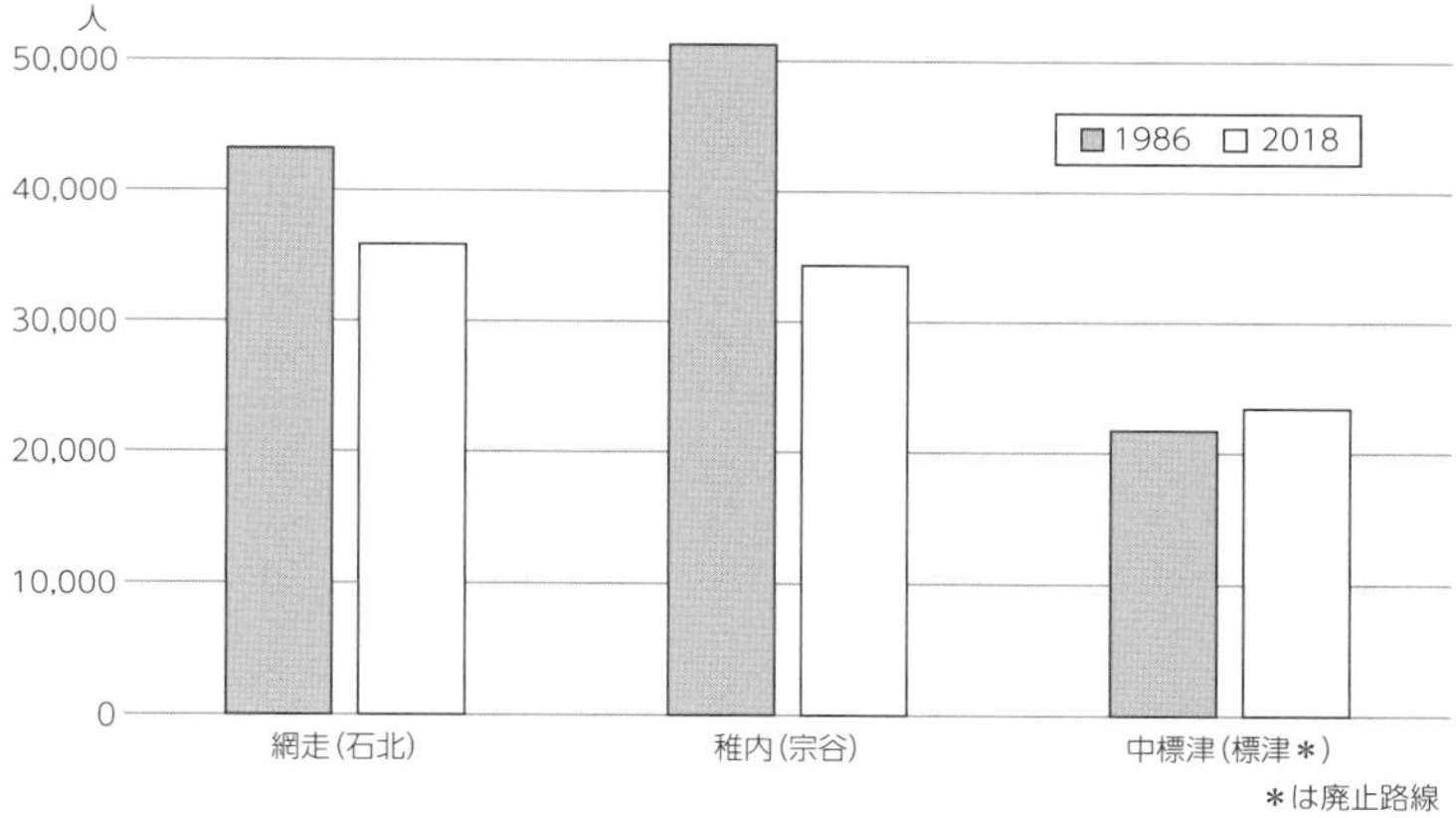

路整備状況、平均乗車距離などを勘案し、バス転換が困難とされた51線区４、４５０キロは特定地方交通線に選定されなかったのである。その結果、基準未満の輸送量しかないのに、石北・宗谷・釧網線などのローカル線はＪＲ北海道に引き継がれた。

しかし、分割から30年以上が経過し、人口が減少するなか、道路整備が進み、ＪＲ北海道に引き継がれたローカル線の輸送量は激減した。輸送密度でみると、石北線は１９７７〜79年度平均の３・７千人が、１９８６年度には２・４千人となり、２０１８年度は０・８千人。同じく、宗谷線は２・４千人、１・３千人、０・６千人、釧網線は１・４千人、０・９千人、０・４千人と推移している。３線区とも、２０１８年度の輸送密度は、廃止された路線の１９７７〜79年度平均並みかそれ以下で、広尾線の１９８６年度数値に及ばない。

ローカル線を廃止すると、沿線の衰退に拍車がかかるという指摘がある。しかし、図表12・５に示したように、１９８６年と２０１８年の人口を比較すると、現役路線である石北線の拠点都市の網走市は43・2千人から35・8千人に、宗谷線の拠点である稚内市は51・2千人から34・2千人にそれぞれ減少しているのに、廃止された標津線の拠点だった中標津町の人口は、逆に21・7千人から23・5千人に増えている。札幌一極集中が顕著な北海道で、札幌から遠く離れているにもかかわらず、この人口増は特筆に値する。地域振興にとって、ローカル線はもはやどうでもよい存在であることを示す好例ともいえる。

ＪＲ北海道の30年あまりの歴史が示しているのは、鉄道の特性が発揮できる路線と、もはや使命を終えた路線への二極化である。実はこの事実こそ、ＪＲ北海道再生のカギなのだ。

鉄道は堅調なのに、経営は危機

分割後も徐々に減少していくという監理委の予測でさえ楽観的すぎるとされ、１９８６年秋の国会提出運輸省試算で下方修正されたほどであった。そうしたなか、１９７０年代後半から始まった急激な輸送量減少が分割民営化によってぴたりと止まり、北海道の鉄道輸送量は30年先も堅調に推移しているだろうなどと主張すれば、夢物語として相手にされなかっただろう。ある意味、夢が現実となったのである。

一方で、企業としてのＪＲ北海道は危機的状況にある。しかし、企業の危機は鉄道の危機とイコールではない。北海道の鉄道が本当に危機的状況にあるのか、また、企業として再生の可能性はあるのか、データに則して検討する。

図表12・6は、青函トンネルが開業し本州と線路でつながった1988年度と、企業として順風満帆にみえた2000〜15年度、そして大きな赤字を記録した2016年度以降の経営成績を示したものである。

1988年度と2018年度の鉄道事業の営業成績は、鉄道輸送量がほとんど変わらないのだから、当たり前といえば当たり前であるけれども、ほとんど同じである。営業収益は1988年度が812億円、2018年度が819億円、そのうち運輸収入は705億円と712億円、営業費は1、327億円と1、378億円、営業損失は516億円と559億円。駅という人が自然と集まる立地の優位性を活かした、鉄道以外の事業が飛躍的に伸びた結果、全事業ベースの営業損失では534億円から419億円に100億円以上改善している。

北海道の鉄道が営業黒字になるとは、国鉄改革を進めるにあたって誰も主張しておらず、500億円程度の赤字は想定内である。当初は輸送量が減少する前提で、経営安定基金運用収益に加え、毎年運賃を値上げすることによって、赤字幅をこの程度に抑える計画となっていた。

ところが、図表12・7に示したように、JR北海道は2019年10月の運賃改定（効果が表れるのは2019年度下半期以降）まで、運賃を消費税転嫁以外に一度も値上げしていない本州3社とほとんど変わらない水準に保ちながら、コロナ前まで赤字を「想定内」の500億円前後に抑えていた。

にもかかわらず、なぜ経営危機なのか。それは1990年代以降、日本が先進国の先陣を切って、低金利時代に突入したからである。国鉄改革にあたっては、500億円程度と想定されたJR北海道の鉄道営業損失を、分割時に与えられた6、822億円の経営安定基金の運用収益で穴埋めすること

図表12・6　JR北海道経営成績

（単位：億円）

		1988	2000	2010	2014	2015	2016
鉄道事業	営業収益	812	859	766	757	768	832
	運輸収入	705	736	677	669	685	727
	定期外収入	642	642	568	555	572	614
	定期収入	63	94	110	114	113	113
	その他収入	106	124	88	88	83	105
	営業費	1,327	1,166	1,050	1,171	1,251	1,367
	償却費以外	1,165	1,028	917	1,014	1,076	1,127
	減価償却費	162	138	133	157	175	239
	償却前損失	△353	△169	△152	△257	△307	△295
	営業損失	△516	△307	△285	△415	△483	△534
全事業*	営業損失	△534	△284	△207	△309	△353	△398
	基金運用収益等	498	299	241	419	404	291
	基金運用収益	498	299	241	364	349	236
	運用補助				55	55	55
	経常損益	△12	14	39	113	54	△104
輸送量	（億人キロ）	44.6	43.8	42.5	42.2	43.2	43.1
列車運行量	（億キロ）	0.37	0.37	0.36	0.34	0.33	0.31

		2017	2018	2019	2020	2021	2022
鉄道事業	営業収益	837	819	809	445	490	672
	運輸収入	728	712	706	355	403	585
	定期外収入	614	598	587	248	294	472
	定期収入	114	114	119	107	109	113
	その他収入	109	107	103	90	87	87
	営業費	1,397	1,378	1,369	1,292	1,285	1,338
	償却費以外	1,169	1,158	1,163	1,089	1,090	1,156
	減価償却費	228	220	207	203	195	182
	償却前損失	△332	△339	△354	△644	△600	△484
	営業損失	△560	△559	△560	△847	△795	△666
全事業*	営業損失	△417	△419	△426	△805	△727	△572
	基金運用収益等	310	303	289	336	627	348
	基金運用収益	255	248	234	281	572	293
	運用補助	55	55	55	55	55	55
	経常損益	△106	△112	△135	△446	△80	△181
輸送量	（億人キロ）	43.2	42.6	40.9	22.4	24.1	32.6
列車運行量	（億キロ）	0.32	0.31	0.32	0.31	－	－

*1988年度は単体

図表12・7　運賃比較

(単位：円)	1987年	1995年	2018年		2022年～			
乗車キロ	国鉄	JR全社	本州三社	JR北海道	本州三社	JR北海道	いさりび	東葉高速
7～10	180	190	200	220	200	290	310	440
16～20	300	310	320	360	330	440	480	
46～50	780	800	840	930	860	1,130		
91～100	1,540	1,590	1,660	1,840	1,690	2,100		
1人1キロ当たり収入（2019年度）						17	19	31

*いさりびは８～10、16～20キロ、東葉高速は８～９キロの運賃

で収支均衡させることになっていた。

図表12・6の１９８８年度の数値をみれば、目論見どおり、５１６億円の鉄道営業損失を基金運用収益４９８億円でほぼ埋め合わせていたことがわかる。ところが金利が低下した２０００年度の基金運用収益をみると、当初より１９９億円少ない２９９億円となり、２０１０年度には２４１億円となっている。

実は、低金利というピンチは、チャンスに変える絶好機であった。基金運用収益が減るのに合わせ、もはや鉄道がその使命を終えた路線を徐々に廃止し、鉄道がその特性を発揮できる路線に経営資源を集中していれば、少なくともコロナ前の段階では、今日言われるような危機に陥ることはなかったのである。

ところが、当時のＪＲ北海道経営陣は、路線の廃止ではなく、営業費をカットとするというその場しのぎの手段に出た。１９８８年度に比べ、２０００～１０年度の営業費は各年１６１～２７７億円少ない。その結果、鉄道営業損失は見かけ上、３００億円前後となり、経常利益を計上することができたのである。

近年多発した列車事故は、この時期の無理なコストカットが原因であることは、ＪＲ北海道も認めている。２０１６年7月に発表した

「『持続可能な交通体系のあり方』について」で、「鉄道運輸収入や経営安定基金運用益が減少する中で、できる限り現行の線区を維持する考えのもと収支均衡を図るため、安全に関する費用を削減してきました」と明記している。

今世紀に入ってから2015年度まで続いた経常黒字は、偽りの「好決算」であり、砂上の楼閣だったのだ。2016年度以降の500億円を超える鉄道営業損失と100億円強の経常損失こそ、JR北海道の真の実力なのである。

しかも、JR北海道は、本来であれば在来幹線に力を注ぐべき時期に人的物的資源を浪費した。JR東日本が管内の整備新幹線建設に消極的で、運行を仕方なく引き受けたといってよい状況だったのに対し、JR北海道は北海道新幹線建設を推進した。これは、道外からの交通結節点を千歳空港とする国鉄時代にすでに確立していた経済合理性のある経営方針を否定するに等しく、空母の時代に戦艦を作り続けたのと同様の愚挙と言わざるを得ない。

さらに、JR北海道は自社の根幹であるはずの在来幹線のインフラ維持管理を怠る一方で、線路と道路をともに通行できるDMV（デュアル・モード・ビークル）開発という一部経営者の「趣味」に多大の経費をかけていたのである。これはさすがに中止した。

無理な経費削減の後遺症は、サービス水準の低下に如実に表れている。

図表12・8に示したように、函館・札幌間の特急所要時間は分割直前には3時間47分かかっていたのを2000年には3時間まで短縮したのに、現在では3時間33分かかっている（すべて最速列車の場合）。札幌・帯広間も同様で、2時間36分かかっていたのが2時間10分まで短縮したのに、現在は

図表12・8　特急所要時間

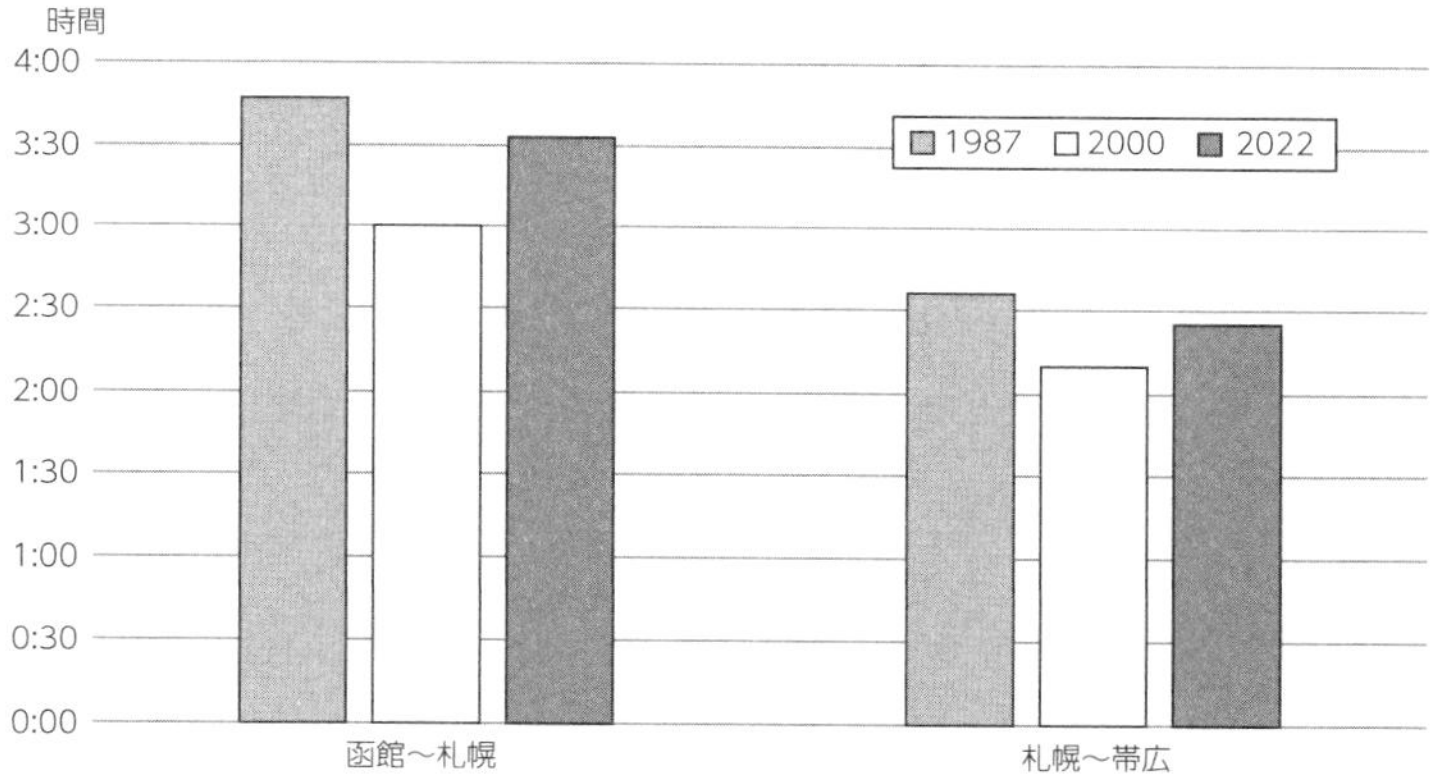

2時間25分かかっている。国鉄時代に逆戻りである。

出口がないかにみえるJR北海道の現状をみて、基金運用収益によって赤字を補填するという仕組み自体に問題がある、つまり国鉄改革は少なくとも北海道や四国に関しては失敗であったという意見がある。

しかし、今日のような低金利時代が来ることは、日本どころか世界中誰も予想できなかった事態である。そのため、日本の銀行は軒並み低収益にあえいでいる。また、運用難に陥った多くの企業年金は支給水準を下げたり、年金基金自体を解散せざるを得なくなった。だからといって、銀行という事業や企業年金という仕組み自体に問題があるとか、日本の銀行を税金で救済せよということにはならない。JR北海道も企業である以上、環境の変化に対応した経営をしなければならなかったのである。

ところが、低金利が常態化した1990年代後半以降、国（国交省）は極めて不透明な仕組みを通じて、終章で述べるように、上場したＪＲ本州３社に、実質的に国有企業といえるＪＲ北海道・四国・（上場前の）九州を「支援」させていたのである。

それがなければ、上述の運用収益はさらに数十億から百億円ほど少なくなるため、経常赤字に陥ることは避けられなかった。その結果、企業存続に向け、いやが応でもローカル線廃止機運が生じ、鉄道特性の発揮できる路線への選択と集中が実現できた可能性が高い。国交省の今日も続く問題先送り姿勢は、ＪＲ北海道や四国の抜本的改革を阻害してきたし、今後も混迷を深めることにしかならない。忘れてはならないのは、国鉄改革時、ローカル線廃止は分割民営化を推進する監理委と全国１社を維持しようとした国鉄経営陣のコンセンサスであったことである。

今も続く国の支援策に関しては、その最初の法案審議に際し、参議院国土交通委員会調査室のメンバーが参議院事務局発行の『立法と調査』（３１５号、２０１１年）で、「中小民鉄も含めて各鉄道事業者が厳しい経営環境でやりくりしている中で、なぜ、ＪＲ三島・貨物会社の設備投資に対して大規模な助成金と無利子貸付が行われるのかということについて、政府は十分な説明をして理解を得る必要があろう」という、至極まっとうな指摘を行っている。残念ながら国交省はこうした真摯な問題提起を無視したまま、その場しのぎの弥縫策に終始し、今日に至っている。

同じＪＲグループなのだから、儲かっているＪＲ東日本がＪＲ北海道を支援すべきという意見は根強い。しかし、ＮＴＴと違い、国鉄改革によってＪＲ各社は資本関係のない全く別の事業体となったのである。昔は同じ国鉄だったから支援せよというのは、財閥解体前は一緒だった三菱マテリアルが三菱重工を支援せよと言うのと同じような暴論である。

もしＪＲ東日本が支援するのであれば、上場企業として当然の経営合理性が求められる。現状のままのＪＲ北海道では、それがあるとは言いがたい。にもかかわらず、国交省（運輸省）は本州３社に不透明なかたちで支援させていたのである。

ＪＲ北海道分割による再生案

ではどうすればよいのか。高度成長期が終わったあとの国鉄を苦しめ、破綻に追いやったのが、新幹線建設、ローカル線そして貨物輸送であった。かりに労使関係が良好であったとしても、国鉄は独立採算の事業体としては持続不可能な状況に陥っていた。現在のＪＲ北海道は、規模が小さいだけで、国鉄と同じ状況にある。

したがって、ＪＲ北海道を再生するには、鉄道の特性が発揮できる在来幹線を、この３つの問題から解き放たねばならない。その具体策として、ＪＲ北海道を３つの事業体に分割することを提言する。

まず、新函館北斗・札幌間の新幹線建設は中止することが最善である。北海道新幹線札幌開業後に予想される輸送量では、運輸収入によってランニングコストをカバーするのがせいぜいで、インフラ維持更新のコストはまかなえない。つまり、子や孫の世代に再度巨額の税金を投入するのでない限り、老朽化した時点で巨大な産業廃棄物が残ることになる。開業済みの新青森・新函館北斗間も同じである。そもそも想定されている首都圏からの利用増は、飛行機からの転移にすぎず、国民経済の観点からはネットのベネフィットはほぼゼロである。さらに、国交省は、今になって札幌延伸の事業費が当初より６、４５０億円増え、２兆３、１５０億円になるという試算を公表した。しかも、まだ増える可能性もあるというのだ（2022年12月7日「北海道新幹線（新函館北斗・札幌間）の整備に関する報告書」）。

整備新幹線建設の枠組みでは、インフラ保有主体は国（正確には国100％出資の鉄道・運輸機構）なので、ＪＲ北海道は最初タダ同然でインフラを手に入れることができる。現在、ＪＲ北海道は新青森・新函館北斗間の建設費６千億円に対して年間1億円しか払っていない（ＪＲ東日本の負担分22億円）。さらに、ＪＲ北海道は建設に１・１兆円かかった青函トンネル（同じく鉄道・運輸機構が保有）の利用に、従来は年間４億円支払っていたけれども、現在、貸付料について支援を受けていると開示しているので、正確な金額は不明ながら、おそらくほぼ無料で利用していると思われる。

今はよくても、当初ピカピカの施設も徐々に老朽化するので維持コストがかさみ、数十年後には必ず大規模な維持更新投資が必要となる。ＪＲ北海道に無理なのはもちろん、今よりさらに人口が減少し高齢化が進んでいることが確実な時代に、国家というベールの背後にいる我々の子孫にそのような余裕があるとは思えない。新幹線が後世にとって負の遺産となることは必至である。

次に、本来、鉄道としての特性を失ったローカル線はすべて廃止することが望ましい。ローカル線は儲からないから廃止せよと主張しているのではない。重要なのは輸送という機能を維持することであって、国鉄改革時よりはるかに道路が整備された現在、より効率的な輸送手段である自家用車やバス（とくにスクールバス）の利用を支援すべきと言っているのだ。廃止された特定地方交通線より輸送量が少ない閑散路線を税金で維持することは、国鉄再建・改革のため廃止を受け入れてくれた特定地方交通線沿線住民に対する裏切りとすらいえる。その税金も元をたどれば、沿線住民ではなく、都会の納税者が支払ったものなのだ。

図表12・9　ＪＲ北海道再生案

(単位：億円)		営業キロ	輸送量(億人キロ)	輸送密度(千人)	鉄道営業収益	鉄道営業費	鉄道営業損失	他事業等利益	全事業営業損失	運賃改定修正全事業営業損失	線路使用料修正全事業営業損失
案1	新JR北海道	734	35.7	13.3	670	956	△286	140	△146	△113	△73
	北海道地方鉄道	1,270	3.3	0.7	54	243	△189	0	△189	△186	△186
	新幹線運行会社	149	2.7	4.9	93	160	△66	0	△66	△62	△52
	合計	2,153	41.6	5.3	817	1,359	△542	140	△401	△361	△311
案2	新JR北海道	586	33.7	15.8	625	858	△233	140	△93	△63	△38
	北海道地方鉄道	1,418	5.2	1.0	99	341	△242	0	△242	△237	△237
	新幹線運行会社	149	2.7	4.9	93	160	△66	0	△66	△62	△62
	合計	2,153	41.6	5.3	817	1,359	△542	140	△401	△361	△336
案3	新JR北海道	714	34.4	13.2	641	906	△265	140	△125	△94	△69
	北海道地方鉄道	1,290	4.5	1.0	83	293	△210	0	△210	△206	△206
	新幹線運行会社	149	2.7	4.9	93	160	△66	0	△66	△62	△62
	合計	2,153	41.6	5.3	817	1,359	△542	140	△401	△361	△336

最後に、ＪＲ貨物の存在が北海道の旅客鉄道再生を阻害することがあってはならない。この点については**第8章**で詳しく述べたところである。

分割3社の収支を試算する

以上を踏まえて、ＪＲ北海道を、在来幹線を運営する「新ＪＲ北海道」、廃止対象のローカル線を運営する「北海道地方鉄道」、北海道新幹線（新青森・新函館北斗間）を運営する「新幹線運行会社」の3社に分割する再生案を提言する。

それぞれの収支試算を、コロナの影響がなかった２０１８年度の線区別公表データに基づき、新ＪＲ北海道と北海道地方鉄道の区分が異なる3案ごとに示したのが**図表12・9**である。

案1は、北海道新幹線の札幌延伸が中止された場合である。全線廃止されることが決まった留萌線を除いたＪＲ北海道営業キロ２、１５３キロの内訳をみると、新ＪＲ北海道は輸送密度２千人以上の在来線である函館線（小樽～旭川）、千歳・室蘭線（白石～室蘭～長万部～函館）、札沼線（桑園～北海道医療大学）、石勝・根室線（南千歳～帯広）の計734キロ、北海道地方鉄道はそれ以外の輸送密度2千人未満の在来線計1，270キロ、新幹線運行会社は149キロとなる。輸送密度はそれぞれ、13・3千人、0・7千人、4・9千人で、新JR北海道の輸送密度は上場したJR九州並みとなる。

鉄道営業費に関して、管理部門の経費172億円はすべて新JR北海道の負担とし、北海道地方鉄道と新幹線運行会社は線区運営にかかる経費のみ負担することとする。鉄道事業以外については新JR北海道がすべて承継する。

その結果、2018年度実績値で、新JR北海道の鉄道営業損失は286億円となり、他事業等利益140億円を加えると、全事業営業損失は146億円となる。線区の経費のみ負担する北海道地方鉄道と新幹線運行会社の営業損失はそれぞれ189億円、66億円となる。さらに2019年10月の運賃改定効果40億円を配分・加算すれば、3社の営業損失はそれぞれ113億円、186億円、62億円となる。JR貨物が支払う線路使用料を適正化し50億円増額したうえで配分・加算すれば、3社の営業損失は73億円、186億円、52億円となる。

管理経費をすべて負担する新JR北海道の営業損失に新幹線運行会社分を加えても125億円の損失なので、ローカル線を全廃すれば、当面追加のリストラ費用がかかるものの、経営安定基金の利回りが2％弱でも収支均衡する。ローカル線を廃止すれば営業キロが3分の1になるので、管理経費の削減が見込め、さらなる営業損失の縮小も可能である。もう一段の運賃改定で、経営安定基金に頼ることなく、営業損益段階での収支均衡も視野に入る。

図表12・7に示したように、2019年10月の運賃改定後も、JR北海道（幹線）運賃は、北海道唯一の非JR鉄道事業者である三セクの道南いさりび鉄道と同程度、首都圏の通勤路線である東葉高速より大幅に安いのである。

まず、新JR北海道は経営安定基金に頼ることなく、営業損益段階での収支均衡を目指す。あるいは、この程度の営業損失であれば、沿線開発余地の大きい札幌都市圏の基幹鉄道としての潜在価値を勘案すると、JR東日本による買収は、経済合理性のない救済ではなく、株主価値を高める投資と言い得る。

経営安定基金はローカル線の「終活」に用いるべきである。第11章でJR四国に関して述べたとおり、ローカル線はただ廃止するのではなく、かつての特定地方交通線同様、沿線地方自治体に交付金を渡すことで、廃線後の自家用車・バス・飛行機利用支援や道路整備などにあてるのが望ましい。国鉄末期に特定地方交通線に選定され廃止された路線、JR北海道が独自に廃止した路線、廃止予定の路線の沿線に加え、もともと鉄道がない地域も含め、北海道庁が主体となって、道全体で地域の実情に応じたポスト鉄道の輸送体系構築に使うことができれば、さらに望ましい。

すでに開業している新函館北斗までの新幹線は、青函トンネルがさらに老朽化し、利用できなくなるまで運行を続けることとする。その場合、年間50億円程度の赤字は、現在、国交省がJR北海道に対して行っている基金運用補助を当てればよい。国策として青函トンネルを莫大なコストをかけても維持するというのであれば、国民の合意を前提に全額税金でまかなうしかない。

案2は、北海道新幹線の札幌延伸を国策として行い、コストは税金で負担する場合である。**案1**との違いは、新幹線と並行する函館線（長万部～函館）を新ＪＲ北海道から北海道地方鉄道に移した点のみで、新ＪＲ北海道、北海道地方鉄道の営業キロはそれぞれ５８６キロ、１、４１８キロ、輸送密度は15・８千人、１・０千人となる。

収支試算の考え方は**案１**と同じである。２０１８年度実績値で、新ＪＲ北海道の鉄道営業損失は２３３億円となり、他事業等利益１４０億円を加えると、全事業営業損失は93億円となる。北海道地方鉄道と新幹線運行会社（札幌延伸分は含まない）の営業損失はそれぞれ２４２億円、66億円となる。さらに２０１９年10月の運賃改定効果を織り込めば、３社の営業損失はそれぞれ63億円、２３７億円、62億円となる。**第８章**で述べたように、新幹線札幌延伸の場合は、ＪＲ貨物は室蘭港利用を想定し、線路使用料25億円増加で、３社の営業損失は38億円、２３７億円、62億円となる。

案１以上に新ＪＲ北海道の収支は改善し、さらなる運賃改定がなくとも、管理経費の削減だけで、経営安定基金に頼ることなく、営業損益段階での収支均衡も視野に入る。ローカル線や新幹線に対する考え方は**案１**と同様である。

案３は、北海道新幹線札幌延伸が国策として行われることを前提に、道東の拠点都市である釧路の重要性を勘案し、輸送密度が２千人未満ながら、根室線の帯広・釧路間を新ＪＲ北海道に加える。その結果、新ＪＲ北海道と北海道地方鉄道の営業キロはそれぞれ７１４キロ、１、２９０キロ、輸送密度は13・２千人、１・０千人となる。

収支試算の考え方は**案１**・**案２**と同じである。２０１８年度実績値で、新ＪＲ北海道の鉄道営業損失は２６５億円となり、他事業等利益１４０億円を加えると、全事業営業損失は１２５億円となる。

北海道地方鉄道と新幹線運行会社の営業損失はそれぞれ２１０億円、66億円となる。さらに２０１９年10月の運賃改定効果を織り込めば、３社の営業損失はそれぞれ94億円、２０６億円、62億円となる。ＪＲ貨物の線路使用料25億円増加で、３社の営業損失は69億円、２０６億円、62億円で、案１とほぼ同じ試算結果となる。

ここで示した試算からわかることは、ＪＲ四国と異なり、ＪＲ北海道は鉄道の特性が活かせる路線と、もはやその使命を終えた路線が二極化しているため、再生の道筋が明白なことである。あとはＪＲ北海道、国交省、そして何より北海道民の決断を待つだけなのだ。

第13章

JR本州3社の生きる道—コロナ後の旅客鉄道

コロナ禍で最も打撃を受けた産業の1つが旅客鉄道である。1987年の国鉄分割民営化後、優良企業に生まれ変わったJR東日本・東海・西日本の本州3社も輸送量が激減し、2020年度は当期純損益が、合わせて1兆円（JR東日本5・8千億円、東海2・0千億円、西日本2・3千億円）の赤字となった。2021年度も、多くの産業がほぼコロナ前の水準に戻るなか、3社合わせて2・6千億円（JR東日本0・9千億円、東海0・5千億円、西日本1・1千億円）の赤字であった。

2022年度はかなり客足が戻り、3社とも黒字で合わせて4・1千億円（JR東日本1・0千億円、東海2・2千億円、西日本0・9千億円）計上したものの、コロナ前とはほど遠い。ここでは、コロナ禍による短期的影響だけでなく、モータリゼーションが加速した1970年代以降半世紀にわたる輸送量の推移をみることで、JR本州3社の今後のあり方について考えたい。

まず、図表13・1をご覧いただきたい。JR6社の輸送量（輸送人キロ）を、コロナの影響がなかっ

図表13・1　JR６社2020～2022年度輸送量（2018年度比）

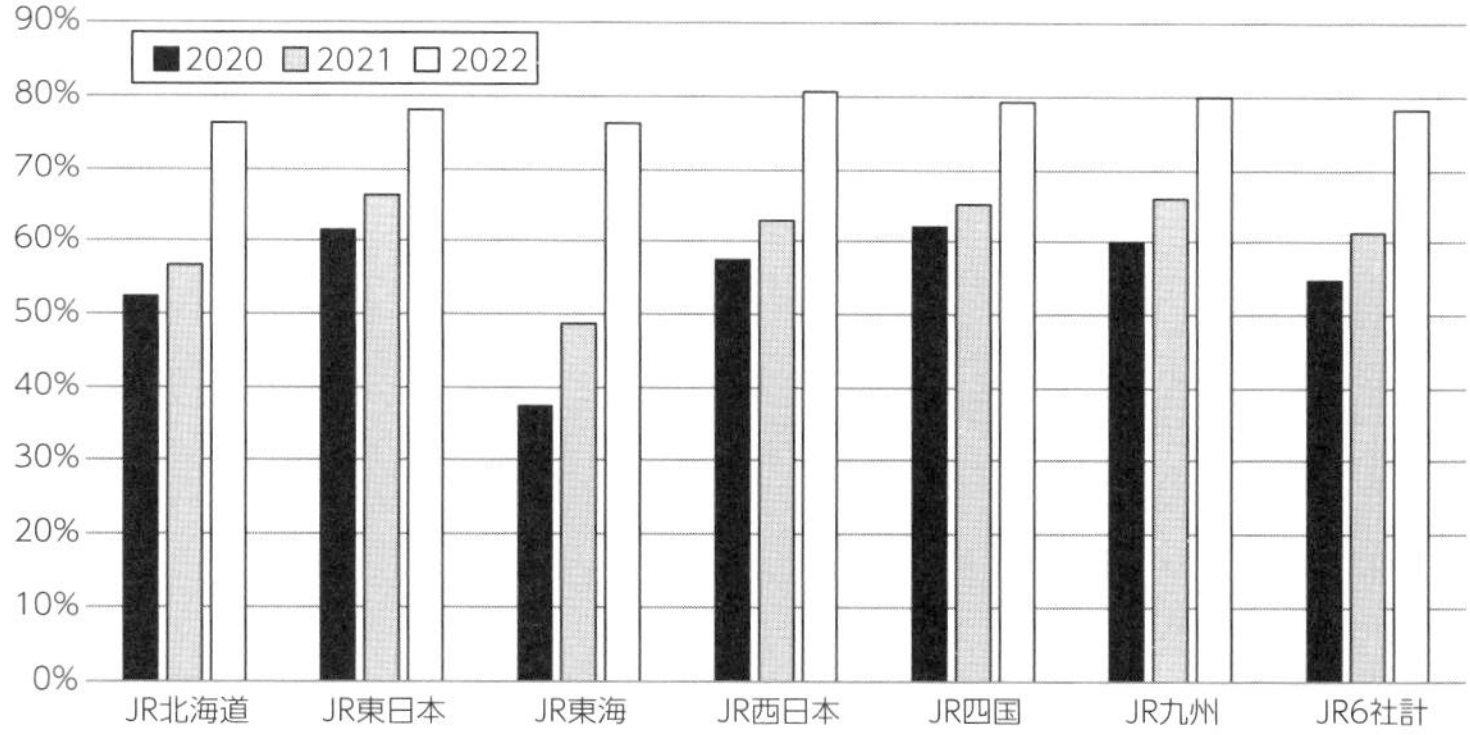

た２０１８年度とコロナ禍の３年間２０２０～２０２２年度の輸送量（輸送人キロ）を比較したものである。各社とも２０１８年度に比べ、２０２２年度は８割前後の輸送量となっている。ただし、コロナの影響が大きかった２０２０年度の輸送量落込みはＪＲ東海が群を抜いて大きく、２０２１年度も他ＪＲ５社に比べ回復が遅れていたことがわかる。これは、ＪＲ東海輸送量のほとんどを占める東海道新幹線の利用者が激減したことを反映している。

ちなみに、大手私鉄の状況をみると、２０２２年度の輸送量は２０１８年度に比べ、東京メトロを除く関東８社（東武、西武、京成、京王、小田急、東急、京急、相鉄）合計も、関西５社（中京圏路線を除く近鉄、南海、京阪、阪急、阪神）合計も、ＪＲ各社同様、８割程度であった。

図表13・２は１９７０年度から２０２２年度までのＪＲ本州３社（国鉄本州エリア）輸送量を、在来線は定期と定期外さらにそれぞれを首都・関西圏とその他に、新

図表13・2　JR本州３社輸送量

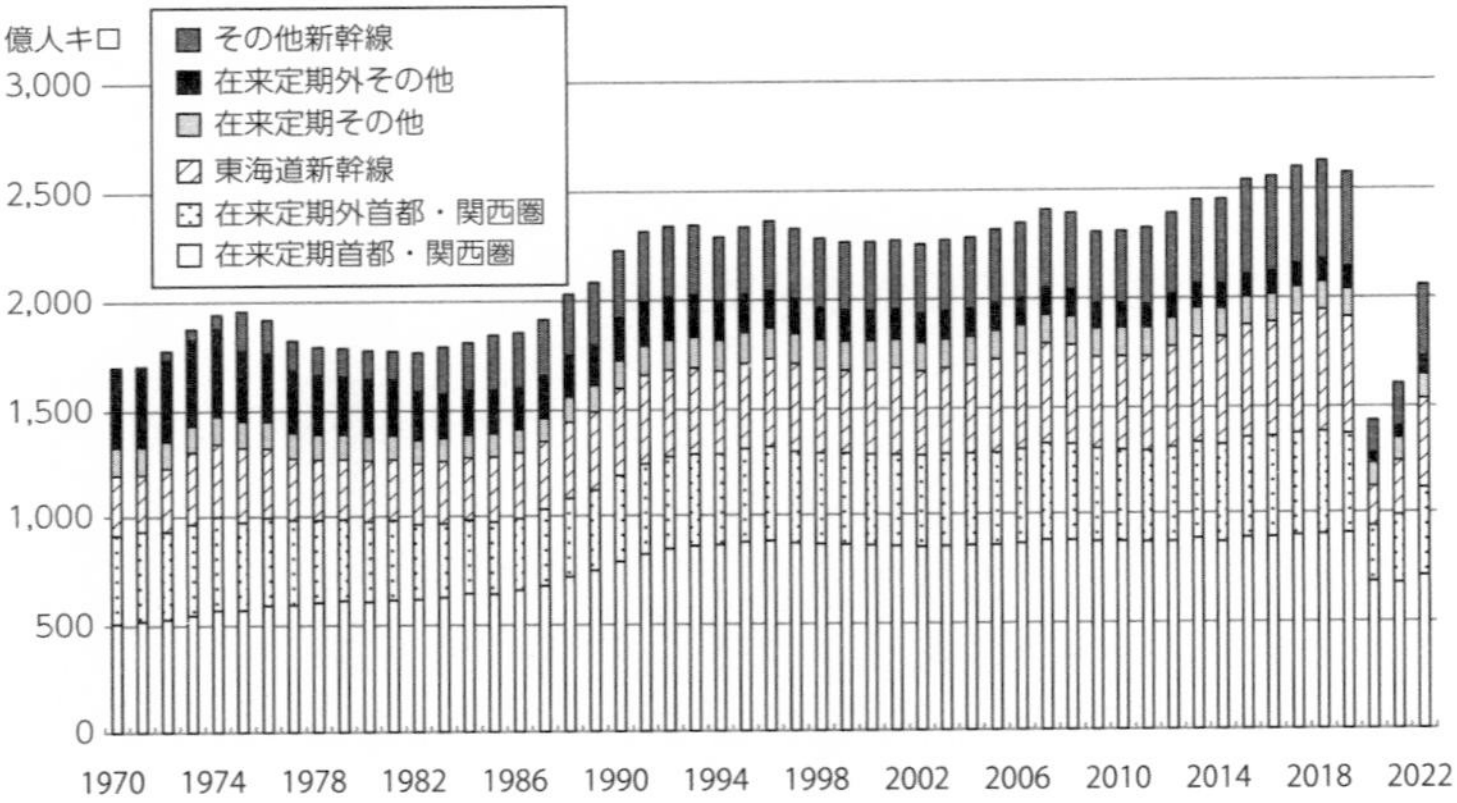

幹線は東海道新幹線とその他新幹線に、計６カテゴリーに分けて示したものである。

確かにコロナ禍で輸送量は激減したけれども、通勤輸送への打撃は比較的小さく、２０２２年度の在来線首都・関西圏定期輸送量は国鉄改革当初と同程度、定期外輸送量と合わせた在来線首都・関西圏輸送量も同様である。

本州３社に限らず、**図表13・３**で示したとおり、三島会社も在来線２０２２年度定期輸送量は民営化当初の水準を維持している。また、**図表13・４**で示したとおり、関東大手私鉄８社の２０２２年度輸送量も１９８０年代半ばの水準である。

一方、**図表13・５**で示したとおり、関西大手私鉄５社の２０２２年度輸送量は１９７０年代前半に遠く及ばない水準に落ち込んだままである。ただし、これはそもそもコロナ前の段階で、すでに１９７０年代前半のレベルまで輸送量が低下していたことを反映している。

とはいえ、利用者が求めているのは鉄道輸送サービ

図表13・3　JR三島会社輸送量

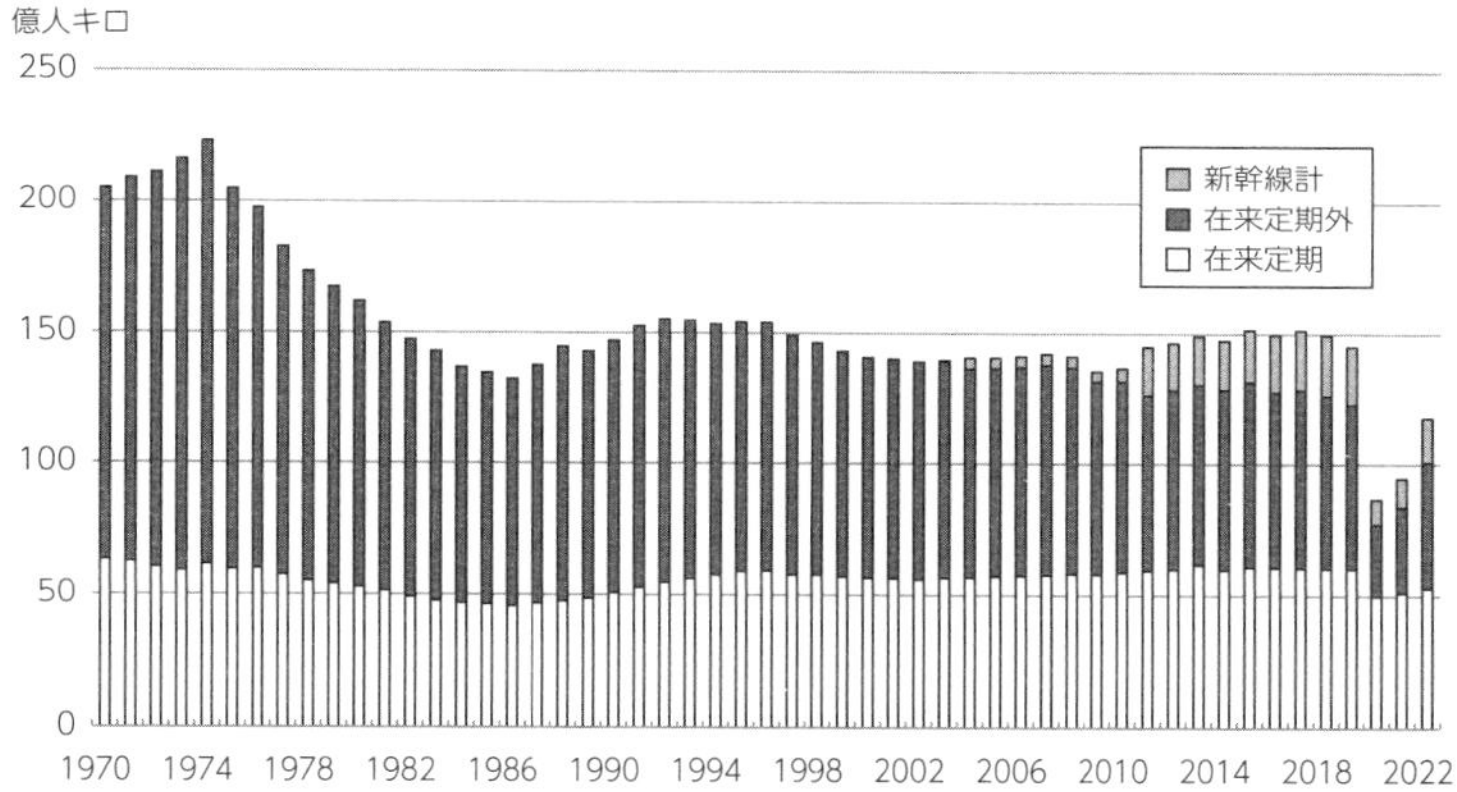

図表13・4　関東大手私鉄８社輸送量

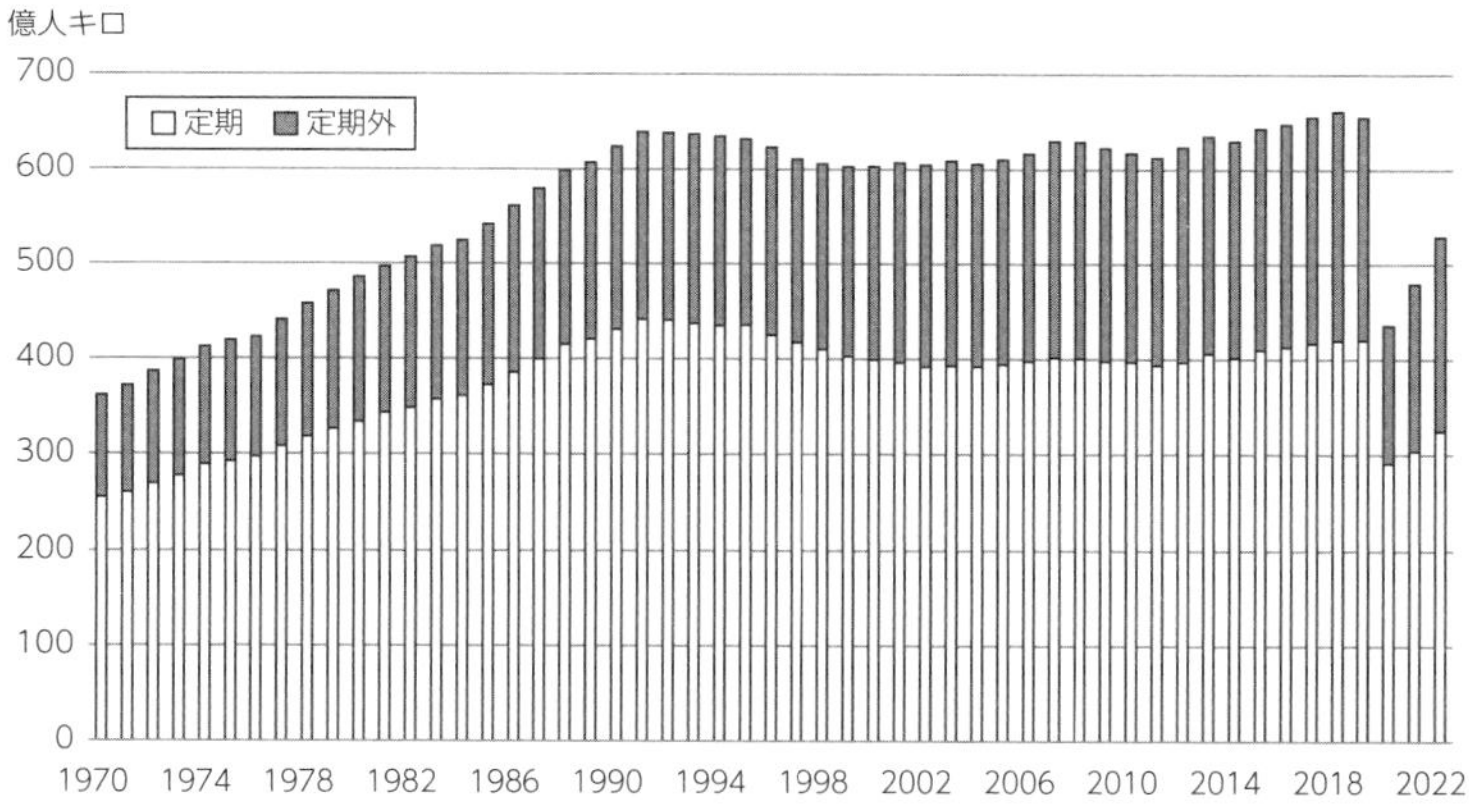

図表13・5　関西大手私鉄５社輸送量

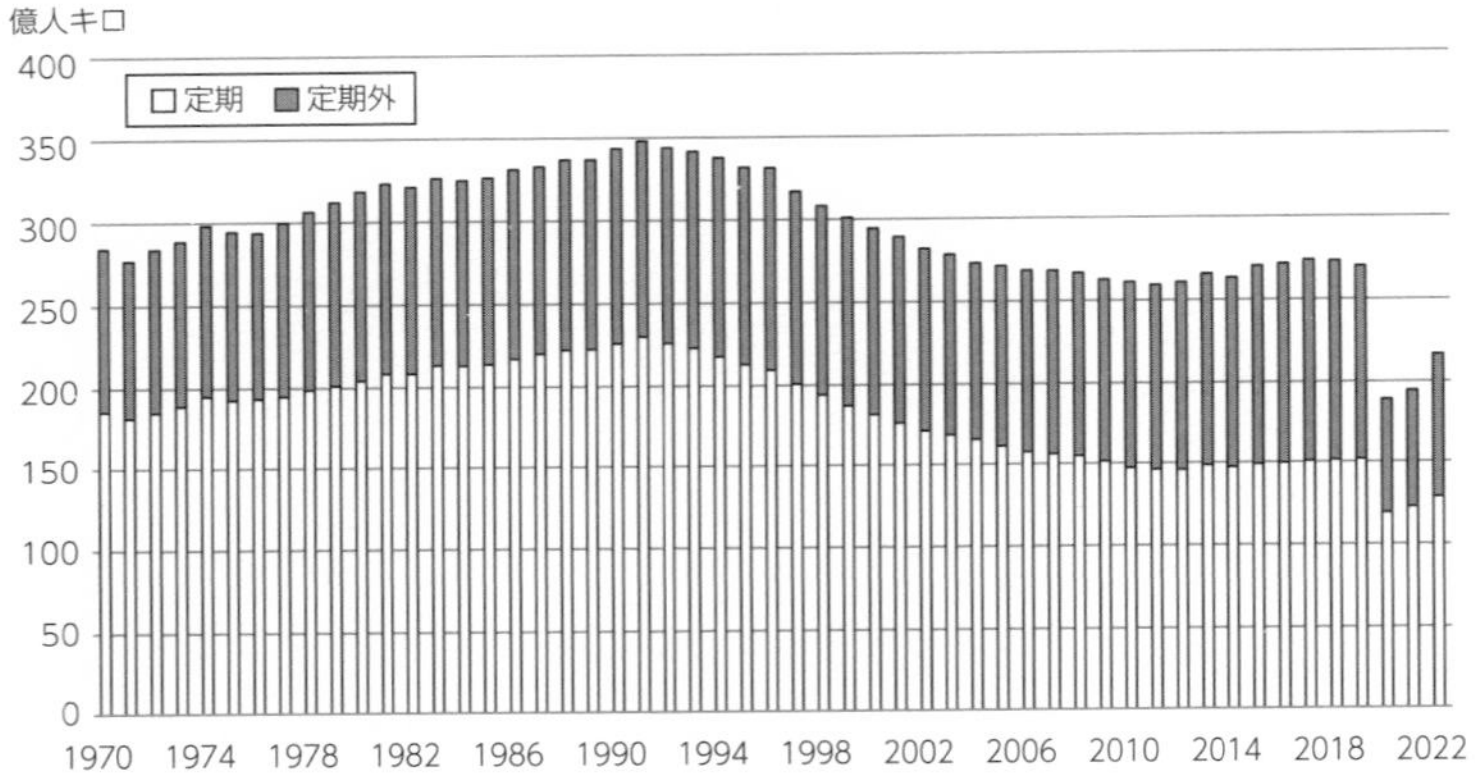

スであって、乗るのがＪＲか私鉄かは二義的な問題であり、輸送量の推移をみる際も、両者を合わせて検討する必要がある。そこで、ＪＲ関西圏在来線と大手私鉄5社の輸送量を合計して示したのが図表13・6である。分割民営化後、サービスを改善し輸送量を伸ばしたＪＲとそのあおりを食った私鉄の輸送量を合計すると、２０２２年度の定期輸送量は１９７０年代前半と同水準となる。首都圏のみならず関西圏でも、通勤輸送を主体とする都市圏輸送はコロナ禍でもそれなりの輸送量を維持できているのだ。

首都圏でも同様に、ＪＲ在来線と大手私鉄8社の輸送量を合計して示したのが図表13・７である。２０２２年度の定期輸送量は１９８０年代半ばの水準であり、定期外と合わせた全輸送量は１９８０年代後半の水準を維持している。

なお、第3章で指摘したとおり、大手私鉄がタイムリーに輸送人キロを公表しないため、２０２２年度輸送量および２０２１年度の定期・定期外内訳輸送量

図表13・6　関西圏JR在来線大手私鉄輸送量

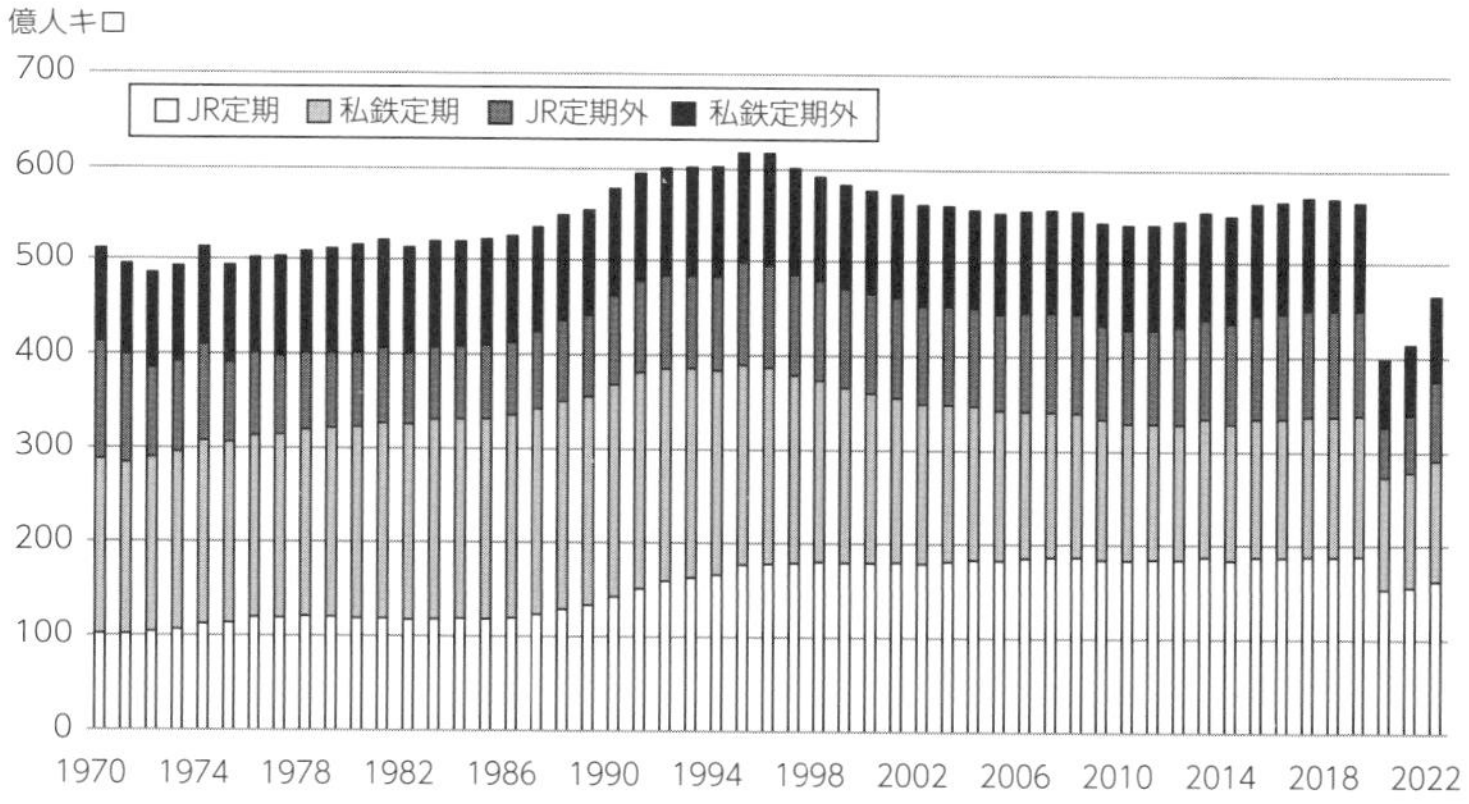

図表13・7　首都圏JR在来線大手私鉄輸送量

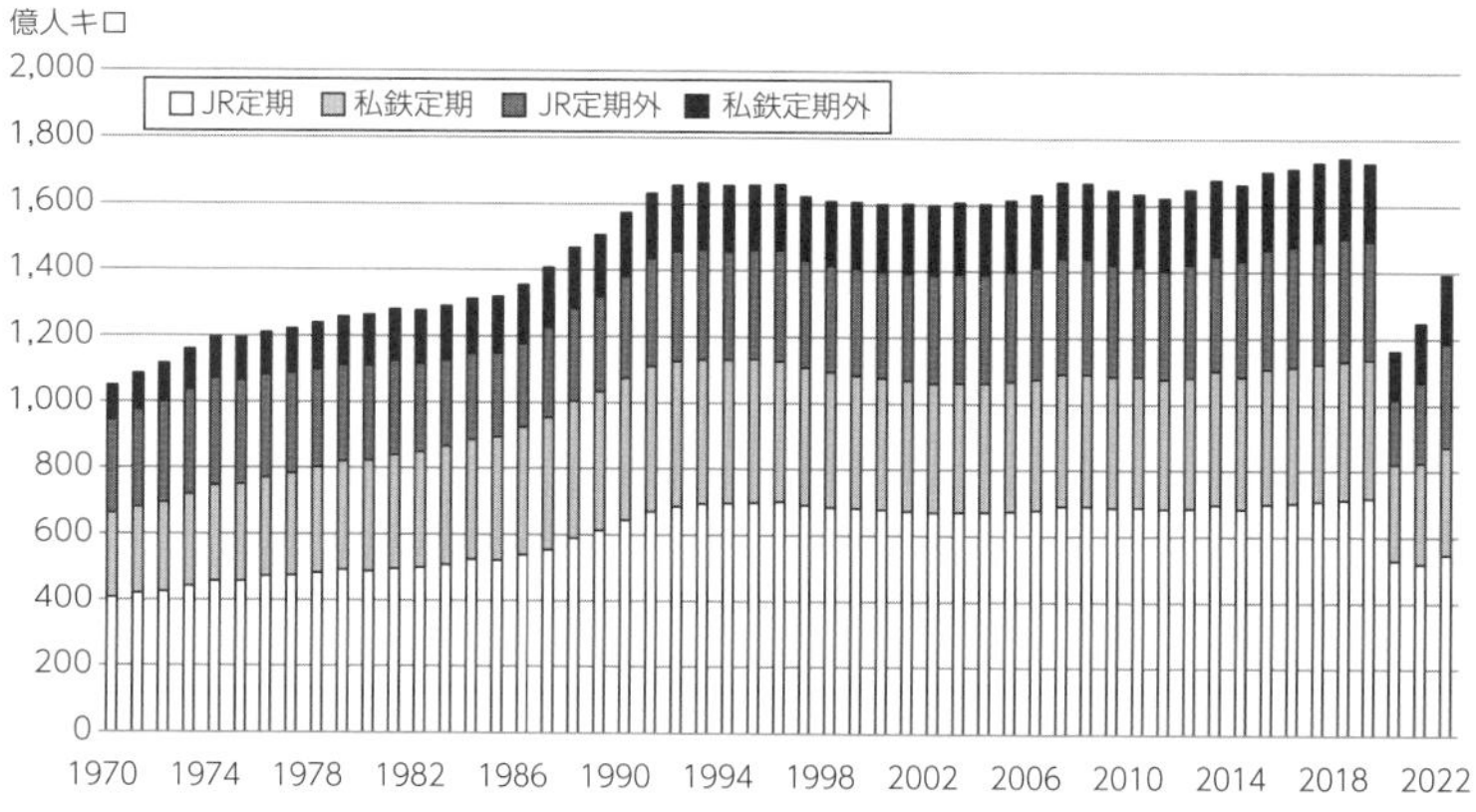

（合計輸送人キロのみ公表済み）は開示されている輸送人員データを用いて筆者が推計したものである。ただし、これまでの推計の経験から、全体の傾向を誤るような誤差はないと確信している。

コロナ後の輸送動向

単にコロナ禍直前と、輸送量が大きく落ち込んだ最近を比較するのではなく、半世紀のスパンで輸送量をみてみると、コロナ後の旅客鉄道が進むべき道がより明確になる。

第2章で指摘したとおり、人間には移動への欲求があるため、ある程度の通勤はコストというよりむしろ望ましい時間の使い方である。したがって、リモートワークは一定程度しか普及しないと思われる。実際、コロナの影響が大きかった2020年度でも、日本が活気に満ちていた1970年代と同程度の都市圏輸送量が維持されていた。長期的には、すでに関西圏では四半世紀前から始まっている生産年齢人口減による低落傾向には抗えないにせよ、首都圏も関西圏も2023年度はコロナ前にかなり近い水準に戻るであろう。なお、定期輸送量は毎日乗るとして計算されているので、週当たりの出勤日が減少することによって、公表数値以上に体感では混雑緩和が進む。一方、出勤日減少に伴い、定期券を購入せず利用するごとに運賃を支払う通勤者が増えるので、実際の利用実態が同じでも、公表される輸送量は減少する。

通勤輸送を主体とする大手私鉄の場合、鉄道部門が全体として赤字に陥るような事態は当分考えにくい。とはいえ、ＪＲほどではないにせよ、すでにいくつか存在しており、これから増えることが確実な鉄道の特性が発揮できない閑散路線を、内部補助で維持する余裕はなくなっていく。

ＪＲ三島会社については、コロナ前に処理すべきだった課題を早急に片付ける必要がある。路線網の大幅縮小である。鉄道はもはやすべての国民に提供せねばならないという意味では、ユニバーサルサービスではない。公共交通の「公共」とは個人ではなく乗合ということにすぎず、道路が整備され自家用車が当たり前となった今日、ＪＲであれ中小私鉄であれ三セク鉄道であれ、利用者以外の負担による鉄道路線維持は国民経済の観点から望ましくない。ローカル線への公費補助は「趣味」に税金を投入する愚策である。いまやローカル線の唯一の存在意義といってよい通学輸送にはスクールバス利用を支援し活用することで、自宅・学校から最寄り駅までの「ラストワンマイル」問題も解消できる。

本州３社の今後

ＪＲ本州３社の今後の輸送動向は、どのようなものになるであろうか。まず、首都圏と関西圏をはじめ、大都市を拠点とする都市圏輸送は、生産年齢人口減に伴い輸送量が逓減していくことは避けられないけれども、利用者が支払う運賃料金で更新投資も含めたコストをまかなえるという意味で、ビジネスとして成り立つ時代が続くであろう。ただし、大手私鉄と比べまだ大量に残る、鉄道としての特性が発揮できず、もはやその使命を終えたというしかない閑散路線の廃止を順次進めていく必要がある。コロナ禍を契機に、本州３社のなかで最も経営基盤の脆弱なＪＲ西日本が先頭を切って、路線廃止に向けた問題提起を始めたことは、遅きに失したとはいえ、歓迎すべき事態である。

都市間輸送の主柱である新幹線輸送に関しては、コロナ禍が旅行需要に与えた影響は一時的なものと思われるのに対し、ビジネス利用には永続的影響を与えた可能性が大きい。第２章で指摘したとお

図表13・8　2020年度東海道新幹線・2018年度他新幹線輸送密度比較

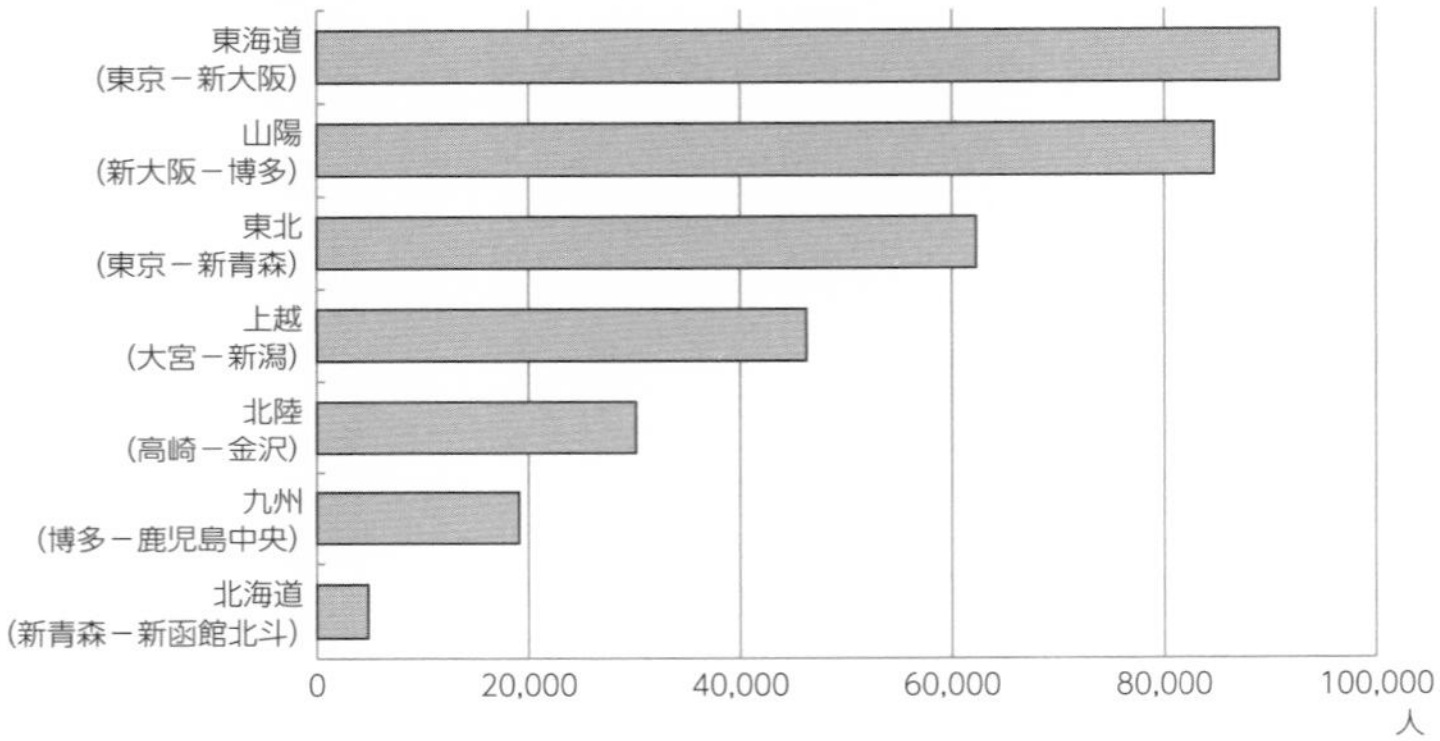

り、日々の通勤と違って、出張など仕事で必要な中長距離移動に要する時間は、企業からみれば無駄な時間であり、短ければ短いほどよい。そして、コロナ禍が明らかにしたのは、これまでいかに無駄な出張が多かったかということである。

したがって、我が国がコロナ禍から自由になっても、企業の新幹線輸送に対する需要は元の水準に戻らないであろう。とくに、これまで膨大なビジネス需要に支えられてきた東海道新幹線にとって大きな打撃である。

しかし、それでも東海道新幹線は安泰である。図表13・8をご覧いただきたい。２０２０年度東海道新幹線輸送密度と２０１８年度の東海道以外の新幹線輸送密度を比較したものである。鉄道復権が喧しく論じられていたコロナ前の東海道以外の新幹線輸送密度は、コロナに直撃され輸送量が例年の３分の１程度に激減し「ガラガラ」だった２０２０年度の東海道新幹線輸送密度に及ばないのである。

東海道・山陽以外の新幹線は各社の重荷になっていく

東海道新幹線の場合、コロナ前2018年度（輸送密度28万人）の6割程度の輸送量であっても、かなりの黒字が出るはずである。実は、コロナ前の6割、輸送密度17万人というのは、国鉄最後の1986年度に路線別原価計算で大幅黒字だった輸送水準（輸送密度15万人、営業係数46）を上回り、2018年度山陽新幹線輸送密度（8・5万人）の倍の水準である。実際、2022年度はコロナ前の75%まで戻り、2023年度は9割程度まで回復するだろう。ただし、東海道新幹線といえども、長期的には日本全体の人口減の影響を免れることはできない。一方、東海道以外の新幹線は、かりに輸送量がコロナ前の水準に戻っても、人口減が加速する地域を走っており、ただでさえ少ない輸送量のさらなる減少は不可避である。運賃料金収入だけで更新投資も含めなんとかやっていけるだろう山陽新幹線を除き、他の新幹線は各社経営の重荷となっていく。

ＪＲ発足後に建設された整備新幹線（盛岡以北の東北、北陸、九州および北海道新幹線）は、当初の建設コストこそＪＲ各社の負担にならないよう税金が投入されたけれども、今後多額の資金が必要となる設備の維持更新コストはＪＲ各社が負担せざるを得ない。望ましくないこととはいえ、ＪＲ東日本管内の新幹線は首都圏の在来線輸送の大幅黒字でカバーできるだろう。しかし、関西圏の在来線輸送量が首都圏の3割程度しかないＪＲ西日本にとって、その黒字で北陸新幹線の更新投資負担をまかなえるどうか不安が残る。ＪＲ九州・北海道に至っては、自ら更新投資負担などできるはずもなく、最初から開き直って建設を進めたとしか考えられない。

ＪＲ本州３社の生きる道は

ダントツの輸送量を誇る東海道新幹線ではあるけれど、その輸送量がかなりの程度回復しても、リニア中央新幹線建設の前提となっていた（ことになっている）、その需要誘発効果でコロナ前の輸送量よりさらに増えるということは考えられない世の中となった。したがって、上場会社として、株主へのリターンを唯一ではないにしても最重要課題の１つとして考慮すべきＪＲ東海が、リニア新幹線を建設する根拠は失われたといってよい。

そもそも、ＪＲ東海で葛西氏に次ぐ実力者とされた山田佳臣氏（１９７１年国鉄入社）が社長だった２０１３年に、「ペイなんか絶対しない。東海道新幹線は来年で50周年。そういう中でリニアをやる。（既設の）新幹線の利益の中で何とかまかなっていく」と記者会見で明言、つまりリニアが赤字プロジェクトであることを社長自身が認めているのである（『朝日新聞』２０１３年9月18日付夕刊）。なぜ、株主の利益代表であるはずの社外取締役は声をあげないのだろうか。なお、前任の松本正之氏（１９６７年国鉄入社、のちにＮＨＫ会長）は社長を6年間務めたのに、山田氏は翌２０１４年に任期４年で退任している。

時速2百数十キロが限界と言われていた従来型新幹線の技術が進化し、時速３６０キロでの営業運転が可能となった現在、既存新幹線路線との接続を犠牲にしてまでリニアを建設するのは、株主利益の観点のみならず、国民全体の観点からも経済的合理性を欠いている。株主ではなく利用者の利益を優先するのであれば、東京・名古屋間にはリニアではなく、既存新幹線路線とのネットワークを維持できる従来型新幹線をもう１つ建設するべきであろう。

一方、日本経済の心臓部である東海道メガロポリスの人的移動を支える東海道新幹線には、大地震等自然災害対策あるいは大規模改修の観点から、大量輸送可能な代替経路あるいはバイパスが必要であるという意見は考慮に値する。ただし、それがリニア中央新幹線である必要はない。すでに、バイパスにもってこいの、リニア建設の数分の1のコストで短期間に完成させることができるプロジェクトが進行中である。整備新幹線である北陸新幹線の大阪延伸である。図表13・8で示したとおり、現在、東京側から金沢まで開通している北陸新幹線のコロナ前の輸送密度は、コロナ禍でガラガラだった2020年度の東海道新幹線の3分の1しかない。大阪までつなげても、在来線特急からの転移が大半で、それ以上大きく輸送量が増えることはないし、進行する人口減を考えれば、むしろ、長期的には減少していくことが確実である。

今後、北陸新幹線は、運行を担当するJR東日本・西日本にとって経営の重荷になる可能性が高い。しかし、米原で接続し、東海道新幹線のバイパスとしてJR東海が一括して運行を引き受けることには、平時の少ない輸送量というデメリットを補う、非常時の危機対策として、大きなメリットがある。ファイナンス理論でいう「リアル・オプション」価値である。

東京・大宮間は線路容量に余裕がないけれども、大宮発着であれば、平時の東海道新幹線と遜色ない輸送力が確保でき、米原経由で新大阪まで3時間20分程度で運行できる。北陸新幹線をJR東海が一括して運営し更新投資を負担することは、本州3社すべてにメリットがあるのだ。

まず、JR東海は貴重なバイパスを確保できる。すでに着工している金沢から敦賀までは、JRが運行し貸付料を施設保有者である鉄道・運輸機構（実質的には国）に支払う整備新幹線の枠組みのままとして、敦賀から米原まではＪＲ東海が自前で建設することも考えられる。少なくともリニア建設よりはるかに経済合理性がある。

ＪＲ東日本・西日本は、今でも少ない輸送量のさらなる減少が必至であり、自社にとってバイパスとしての（リアル・オプション）価値がなく、経営の重荷になる可能性が高い北陸新幹線から手を引き、身軽になることができる。両者が今まで以上に経営資源を集中すべきは首都圏と関西圏の都市圏輸送であり、それは国民経済全体の観点からも望ましい。

今後、鉄道に限らず老朽化するインフラをどう維持していくかは、第7章で指摘したとおり、我が国の最重要課題の１つである。近い将来、あちこちの鉄道路線が維持更新できず、そのまま放置され、全国に散在する廃墟と化したリゾートホテルのように無様であるだけでなく、周りの住民にとって危険な建造物として残る可能性は決して低くない。実際、１９９１年に新交通システムとして華々しく開業した愛知県の桃花台新交通（路線長７・４キロ）はわずか15年で維持更新コストに耐えられず、２００６年に廃線となった。今も高架跡は残ったままで、撤去が始まって8年経ってもまだ9割が残り、これまでかかった費用は38億円に上る。総額や完了時期は未定である（『朝日新聞』２０２３年3月14日付愛知版朝刊）。最終的には１００億円を大きく超えるであろう。路線が数百キロに及ぶ新幹線設備となれば撤去費用は少なく見積っても数千億円のオーダーとなる。

我々が子や孫の世代に何かしておいてやれることがあるとすれば、今のうちにこれまでの負の遺産を整理し、新たには決して作りださないことではなかろうか。

終章 鉄道の老後――輸送手段へ回帰せよ

A masterly retreat is in itself a vict

Norman Vincent P

分割民営化のおかげで生き残ったローカル線

１９７０年代半ば以降、組織としての国鉄の機能不全は誰の目にも明らかであった。ではどうするのかをめぐって、２つの選択肢があった。１つは、公社体制をやめ民営化するにしても、あくまで全国１社体制で再建する道。もう１つは、分割したうえで民営化する道である。結果的に後者が選ばれ、１９８７年に国鉄は分割民営化され、今日に至っている。

ただし、国鉄再建をめぐる対立は組織のあり方についてであり、今後の鉄道事業のあり方に関する認識は一致していた。それは、鉄道が電力や道路のように全国民に提供すべきユニバーサルサービスではなく、道路交通（バス・乗用車）、飛行機および船と役割を分担し、輸送という機能を担う１つの手段として、特性のある分野に集中し、そうでない分野からは撤退するというものである。鉄道天動説からの完全脱却といってもよい。

具体的には、鉄道は都市圏旅客輸送と中距離都市間旅客輸送を担い、採算が合うのであれば一部の貨物輸送も加え、それ以外の分野は他の輸送手段に任せるということである。実際、この方針に従って、分割民営化が決まる前の1980年代前半から、国鉄はローカル線廃止と貨物輸送の大幅縮小に本格的にとりかかっていた。ローカル線廃止には国鉄再建特措法による法的裏付けも与えられ、一定基準に従って地元同意なしでも進めることができるようになっていた。

分割民営化で地方のJR路線が衰退したという意見があるけれども、むしろ、分割民営化したからこそ、今までローカル線がほとんど手つかずで残ったのである。国鉄経営陣が求めた全国1社体制の維持というのは、正確には全国幹線を1社で運営するということであり、ローカル線は原則すべて、幹線運営の本体から切り離し、最終的には廃止することを目論んでいたのである。分割民営化を求める監理委もローカル線廃止は当然行うべきという認識であった。

ところが、分割すれば地方は切り捨てられるという、政治的に無視できない分割反対論者の主張を受け、監理委はローカル線廃止を表に出すのを止めてしまう。それでも、三島会社、とくにJR北海道・四国の将来は険しいと予想され、分割後もローカル線廃止を進めざるを得ないと考えられていた。ところが、分割民営化で国鉄時代のローカル線廃止の法的枠組みが失われたうえ、当初、予想以上の黒字となった本州3社のみならず、三島会社も輸送量が想定を上回り、高金利による多額の経営安定基金運用収益で黒字となったため、ローカル線廃止の勢いがそがれてしまった。

さらに、全体の運賃改定とは別に、国鉄末期に導入された低輸送密度のローカル線の運賃割増は当初の1割から、徐々に高くすることが想定されていたのに、実現できず今に至っている。しかも、導入時の幹線・ローカル線の区分が現状とは合わなくなったにもかかわらず、全く直されていない。その結果、たとえば、札幌近郊の通勤路線として輸送量が大幅に増えた札沼線が、ローカル線に区分されたまま割増運賃が課されるという不合理が放置されている。

分割民営化しようがしまいが、現在廃止が議論されているような路線が鉄道の特性を発揮できない過去の遺物であることに変わりはない。だからこそ、同じような状況下にあった地方の中小私鉄は、国鉄が本格的に廃線に取り組む前、１９７０年代までにほとんど廃止された。皮肉にも分割民営化がローカル線の延命に寄与したのである。逆にいえば、分割民営化は、ローカル線の廃止を押しとどめるというデメリットを伴った。

分割のメリット

分割のメリットとしては、監理委の期待どおり、地域密着経営が進んだことが挙げられる。もともと、20世紀初頭の鉄道国有化以来、中長距離輸送は国有鉄道、地域完結の短距離輸送は私鉄という分業体制が、日本の鉄道政策の基本的発想であった。しかし、飛行機利用と高速道路の普及で、国鉄末期すでに旅客鉄道が全国ネットワークを維持する必要性は失われていた。一方、全国1社体制の弊害として、鉄道が大量輸送という最もその特性を発揮できる分野であるにもかかわらず、首都圏以外では都市圏輸送の潜在需要に応えることができずにいた。それが民営化によって、分割されたＪＲ旅客会社の「大きな私鉄」化が進み、地域に密着した経営が行われるようになり、関西圏や中京圏のみならず、札幌や福岡をはじめとする地方大都市圏での輸送サービスが向上し、輸送量が大幅に増えた。

全国1社体制のままでも、分権化することで分割せずとも地域密着経営ができたはずという反論があろう。国鉄自身、同様の主張を行い、実際、分権化を試みたけれども、うまくいかなかったという歴史があるのだ。少なくとも、国鉄改革が進められた1980年代には、地域ごとに別法人になるということには大きな意味があった。

とはいえ、第1章でも述べたとおり、分割民営化を推進した井手氏をリーダーとする国鉄内の改革派は、JR東日本を「ハブ会社」として、JR各社全体を統括することを想定していた。ところが、最後の段階で、井手氏はJR西日本に行くことになり、JR東日本の社長には国鉄キャリアを嫌っていた元運輸事務次官の住田氏が就任した。その結果、「ハブ会社」構想は実現せず、時間の制約のなか、走り出してから徐々に修正することを前提に見切り発車でスタートした旅客6社分割・貨物全国1社のJR体制が固定化されることとなった。表向きはともかく、遠い将来の話と考えられていた上場が現実の課題となり、新幹線を一括保有することで、本州3社を財務面で一連托生の関係にしていた保有機構が解体され、実際に3社が上場したことで、JR各社は文字どおり、独立の会社となった。しかし、このJR各社がそれぞれの経営者の「城」となったことは、鉄道の特性に関する適切な事実認識に基づいて断行された国鉄改革を歪める結果となる。

不透明な裏口からの支援

本州3社が大きな利益をあげる一方、最初から黒字になるはずのないJR北海道・四国が存亡の機に立たされているのは、分割民営化が失敗であったからだという意見がある。しかし、JR九州を含む三島会社は営業黒字にならないことを前提に、経営安定基金が与えられ、その運用収益で補塡し収支均衡する手はずとなっていた。実際、当初は目論見以上に推移し、想定されていた運賃値上げもローカル線廃止もせずに済んだ。ところが、１９９０年代後半以降、誰も予想できなかった低金利が常態となり、基金運用収益だけでは営業赤字を補塡できない状況となった。

この時、新しい状況に合わせて、当初の想定どおり運賃値上げとローカル線廃止で対応すべきであったのに、拙著『鉄道は生き残るか』で詳述したとおり、運輸省はすでに上場していた本州３社に、運輸施設整備事業団（現 鉄道・運輸機構）を間に挟んで、三島会社から市場実勢より大幅に高い金利で借りることを求めた。要するに、本州３社による三島会社支援であり、金額は年間百億円から２百億円程度と推計される。ただし、わざと高い金利で借りるという背任まがいの取引を上場会社に無理強いしたことの「代償」として、図表14・１に示したように、梅田春実鉄道局次長（１９７３年運輸省入省）は本州３社副社長宛てに「今回限りのものとする」と明記した「念書」を差し入れている（情報公開手続を通じて入手、「国広情第126号平成19年７月２日」）。ところが、５年後にも同様の借入が繰り返され、約束は守られなかった。結局、本州３社は累計で数千億円の負担を強いられたことになる。なお、梅田氏はのちに鉄道局長を経てＪＲ東海の監査役に就任している。

さらに、ＪＲ貨物に関しては、第８章で述べたとおり、「当分の間」だったはずなのに、コストを大幅に下回る線路使用料しか払わない事態が30年以上続いている。本州３社が大半を占めるＪＲ旅客会社の支援額（＝コスト－線路使用料）は毎年数百億円、累計で１兆円を超えると推計される。

図表14・1　本州３社による三島会社支援に関する念書

（案の２）

国鉄総第２５８号
国鉄財第１０８号
平成１３年１２月２５日

東日本旅客鉄道株式会社
　代表取締役副社長　小島紀久雄
東海旅客鉄道株式会社
　代表取締役副社長　松本正之
西日本旅客鉄道株式会社
　代表取締役副社長　垣内剛
殿（単名各通）

国土交通省鉄道局次長
梅田春実

運輸施設整備事業団による経営安定基金からの借入れ等の取扱いについて

平成１４年度概算決定に際し、運輸施設整備事業団が行う北海道旅客鉄道株式会社、四国旅客鉄道株式会社及び九州旅客鉄道株式会社の経営安定基金からの借入れ並びに「新幹線鉄道に係る鉄道施設の譲渡等に関する法律施行令」（平成３年６月１４日、政令第２１６号）第１条第１号イに掲げる債務（以下「一号債務」という。）に係る東日本旅客鉄道株式会社、東海旅客鉄道株式会社及び西日本旅客鉄道株式会社からの早期弁済の取扱いについて、別紙（平成１３年１２月２５日付け国鉄総第２５８号、国鉄財第１０８号）のとおり運輸施設整備事業団宛に通知し、これに関連して以下のとおり取扱うこととしたので了知されたい。

１．「一号債務」に関し、別紙中１．の経営安定基金からの借入措置は今回限りのものとする。

２．「一号債務」に係る東日本旅客鉄道株式会社、東海旅客鉄道株式会社及び西日本旅客鉄道株式会社からの早期弁済については、別紙中２．の割合を原則とするが、平成１４年度から平成１８年度までの間において「一号債務」の償還に係る運輸施設整備事業団の資金調達の状況が許せば、その状況に応じその早期弁済の割合を高めることについて留意することとする。

ソフトな予算制約と組織の自己目的化

国鉄分割民営化における「民営化」とは，株式上場というより，株式会社化による営利企業としての規律付け，端的にいえば，倒産の「恐怖」のもとでの経営を実現することを意味した。国鉄に限らず，国営事業には経営効率化のインセンティブが欠けていることは，日本に限らず，普遍的な現象である。共産党独裁下の旧ソ連・東欧さらには現在の中国で，国有企業が非効率な経営を続けていても存続できるのは，政府が種々の名目で損失の穴埋めをしてくれるからである。

ハンガリーの経済学者コルナイ・ヤーノシュは，こうした非効率な経営を助長する政府等による「救済」を「ソフトな予算制約」(soft budget constraint)と名付けた(*Kyklos* 39巻1号，3-30頁，1986年)。かかったコストを事業収益でカバーするしかないという「ハードな予算制約」(hard budget constraint)があってこそ，市場競争は経営者に規律を与えることができる。ハードな予算制約を守らなければ，企業が存続できなくなるということである。監理委も，分割民営化にあたり国民負担を求めるうえで，「今後は赤字補填の借入金はもとより，財政援助を国に求めないという健全な企業体制を作りあげることが不可欠の条件」であると「最終意見」で明言していた。

ＪＲ東日本・西日本については，予算制約のハード化がおおむね目論見どおり実現したといってよい。むしろ両社とくにＪＲ東日本の問題は，国や地方自治体から英語でいう《deep pocket》すなわち金づるとみなされ，逆に外側から予算制約をソフト化される危険性である。一方，三島会社とＪＲ貨物については，国鉄同様，これまでみてきたとおり，予算制約はソフトなままである。本来，三島会社やＪＲ貨物に必要であったのは，全廃をも視野に入れた，大幅な路線網の縮小であったのに，ほとんど手を付けることなく、九州や北海道では国民全体の観点からみて経済合理性のない新幹線建設が、国に強制されてではなく経営者によって積極的に進められた。ＪＲ東日本が整備新幹線建設に難色を示し、消極的であったことと対照的である。

結果的に、分割が三島会社とＪＲ貨物の予算制約のハード化を妨げることになった。もし、ハードな予算制約下にある全国１社体制でスタートしていれば、三島のローカル線廃止も貨物営業路線網の縮小も進んだであろうし、北海道や九州に新幹線が建設されることなどなかったであろう。しかし、分割されたうえ、当初の改革派の構想と違い、各社がそれぞれ独自路線を歩むこととなったため、本来であれば戦線縮小が使命だったはずの三島会社とＪＲ貨物に配属された国鉄キャリアは、撤退戦を拒否し、みずからの「城」の拡大を志向する。組織の自己目的化である。全国１社体制のなかで選択と集中を行うのと異なり、路線網縮小だけでは将来に希望が持てず、社員の士気が保てないというのも一概には否定できない。また、その多くが不本意にもこの４社に配属された国鉄キャリアには、「運よく」本州３社に配属されたかつての同僚に対して、何するものぞという対抗心もあったであろう。

とはいえ、ハードな予算制約が確立していれば、当初の想定どおり、撤退戦が遂行されたであろう。経営者や社員がどう思おうと、路線網を縮小するしか生き残れなかったであろうから。ところが、国鉄同様、４社の予算制約はソフトなままで今日に至っている。しかも、株主でもある国が支援するのみならず、本州３社までもが、この４社の意思決定には関与できないのに、国によって支援を強いられたのである。国鉄改革において想定していなかった事態であり、分割がもたらした最大のデメリットともいえる。ただし、本州3社に配属された国鉄キャリアには、心ならずも4社に配属された同僚へのうしろめたさがあり、それが支援に応じた理由の1つであったように思える。

結局、上場したJR九州も含め三島会社とJR貨物は、ハードな予算制約確立という意味での民営化に失敗したというしかない。

もっとも儲かる会社となったJR東海の場合も、JR東日本・西日本と異なり、予算制約のハード化に成功したとは言いがたい側面がある。国鉄改革時、具体的な分割案作成の最終段階において、運輸省主導で設立が決まった保有機構を通じた内部補助によって、際立って高収益である東海道新幹線からのリターンをすべて自らのものにはできない仕組みでJR東海はスタートした。ところが、保有機構がすぐに解体され、経営努力とは関係なく、JR東海は極端に儲かる会社となった。

そのため、形式的には予算制約はハード化されたものの、莫大な利益を背景にリニア建設という、プロジェクト決定時点の社長が赤字必至と認めた無謀な事業が進められることになった。全国1社であれば、リニア建設も行われなかったであろう。国民全体の観点からいえば、保有機構解体の際に、東海道新幹線の超過収益を国鉄債務返済財源とする制度を確立し、予算制約のさらなるハード化を行うべきだった。ただし、国鉄時代、内部補助を強いられ、本来なされるべきサービス向上が十分行えなかった東海道新幹線のスピードアップや品川新駅設置は、分割されず全国1社だった場合、仮に実現していたとしても、これほど迅速に進まなかったであろう。その点は分割のメリットである。

国家の暴力団性

監理委は、「最終意見」にもあるとおり、「国鉄経営の破綻原因は、現行経営形態そのものに内在する構造的なものであり、経営形態そのものの抜本的な改革を行う必要があるとの認識」のもと、「第1の問題は、国の関与の度合いが大きいことから、外部干渉を避け難い体質を持っていること」と指摘していた。その代表例の1つとして、「極めて非採算な路線が各地において建設され、経営を圧迫したこと」が挙げられている。では新会社はいかにあるべきか、「最終意見」にはこうある。

できるだけ民間企業と同様の経営の自由、自主性を有することとなるよう、会社の事業範囲を可能な限り広げるとともに、人事、財務、事業運営等に対する国の監督規制は必要最小限にとどめ…経営者が経営について権限と責任を持ち当事者能力が発揮できる経営体制とする。

一言で表現すれば、国鉄を分割し、JR各社を大きな私鉄にすることが目的だったのである。第5章でも言及したとおり、国（運輸省）もローカル線廃止に関し、「他の私鉄も国鉄新会社も同じ」であり、「私鉄のこうした社会的公共性を超えて国鉄新会社であるという理由で特別に強い公共性を付与することは必要ないし、経営に対する政治介入の温床ともなると考えられたのである」としていた。

ところが、上場したにもかかわらず、国は本州3社の企業価値を棄損する三島会社・JR貨物支援を強制し、ローカル線廃止についても私鉄にはみられない強い制約を課している。1987年の分割民営化から時間が経つにつれ、本州3社が当初の想定以上に高収益企業となったこともあって、政治の干渉はひどくなっているようにも見受けられる。国が全株を放出する、いわゆる完全民営化が実現したけれども、それによって政治の干渉が抑えられたとは言いがたい。

しかし、企業活動への政治の干渉というのは、ＪＲに限らず、世界中でみられる普遍的現象である。米国の社会学者チャールズ・ティリーが指摘しているように、国家（state）は多かれ少なかれ暴力団的性格を持っている（Evans他編, *Bringing the State Back In*所収 War Making and State Making as Organized Crime, Cambridge University Press, 1985年）。消費者の需要に応じて企業が提供する財サービスとは異なり、中央・地方政府サービスは、好むと好まざるにかかわらず、一方的に提供され、料金も税金という名目で強制的に徴収される。あくまで支払を拒否する者は、暴力によって自由を奪われ、監禁され、財産を没収される。それぞれ、「警察」、「刑務所」、「罰金（課徴金）」と政府は呼ぶであろうが。

もちろん、暴力を独占する国家による保護なしに、安心して生活することも経済取引を円滑に進めることもできないという主張には一理ある。しかし、ティリーが指摘しているように、「保護」（protection）という言葉には2通りの意味がある。実際に存在する危険から守ってくれる、良い意味での保護。そして、自分が加える危害から逃れたいのであれば、カネを払えという、悪い意味での保護。いわゆる「みかじめ料」（protection racket）の要求である。2つの保護ははっきり分けられるものではなく、程度に違いがあるだけである。

この国家による保護と切っても切れない関係にある天下りが、鉄道事業の監督官庁でもある国交省をめぐって、２０２３年春に大きくクローズアップされた。２０２２年12月13日に国交省元事務次官の本田勝東京メトロ会長（１９７６年運輸省入省）が、ＪＡＬおよびＡＮＡホールディングスの上場関連会社である空港施設の社長（ＪＡＬ出身）と会長（ＡＮＡ出身）に、国交省出身の副社長を社長にするよう要求していたことが明らかになったのだ（役職は当時）。その際、本田氏は「有力なＯＢの名代」と名乗り、「国交省としてあらゆる形でサポートする」と語ったとされる（『朝日新聞』２０２３年３月30日付朝刊）。たまたま表ざたになっただけで、同様の事例は他にもあるに違いない。

国交省が本州３社に提供する保護は、良い意味か悪い意味かどちらの性格がより強いであろうか。ＪＲ西日本は２０１９年、ＪＲ東日本は２０２３年の株主総会を最後に国交省出身の役員（取締役・監査役）はいなくなったけれど、ＪＲ東海には今も国交省出身の監査役がいる。なお、２０２３年にＪＲ東日本の役員を退任した国交省ＯＢは非上場子会社の会長に就任している。

おわりに

国鉄末期の状況を末端ではありながら直接経験した者として、１９８７年の国鉄分割民営化は、限られた選択肢のなかで、その時点では最善のものであったと今も考えている。しかし、何度も強調するように、国民経済全体の観点からは、交通において鉄道がその特性を発揮できる分野で貢献するということが目的であって、組織形態は手段にすぎない。環境の変化により、再度、一体化することが望ましいということもあるだろう。今や日本一の企業といってよいトヨタ自動車も、戦後まもなく経営危機に陥り、銀行に経営再建の条件として製造部門と販売部門の分離を求められ、１９５０年にトヨタ自工とトヨタ自販に分割された。両社が合併し現在の1社体制となったのは32年後、臨調から国鉄分割民営化の答申が出された１９８２年のことであった。また、国鉄分割時と比べ、ビジネスの世界で持株会社を頂点とするグループ経営への理解が深まっていることも確かである。

もし、国鉄改革時に想定されていたとおり、国鉄とは異なり、ＪＲ各社への政治介入がせいぜい大手私鉄に対する程度であれば、ローカル線を順次整理したうえで、幹線のみからなる分権化を徹底した全国1社体制を再構築するのは検討に値する案である。実は、これは1985年1月に公表されたものの、分割方針に逆行するとして、政府・監理委から断罪され葬り去られた国鉄最後の独自改革案である「基本方策」と近い。もし国鉄が1982年の臨調の分割民営化答申に先行するか、せめて同時期に発表していれば、真剣な検討の対象となったであろう。冷静に振り返ってみれば、かなりよくできた案である。実は、1985年に国鉄に入社した筆者は、新入職員研修で「基本方策」でいくしかないと教育された。講師の1人は、分割民営化に反対していたのにＪＲ東海初代社長となった須田常務理事。ところが、現場実習中に情勢は一変し、本配属前の秋の研修では、分割民営化しか生き残る道はないという教育に180度転換する。講師の1人は、国鉄改革を主導し、のちにＪＲ東海第2代社長となる葛西職員課長であった。

現実には、株式保有の点では4社が完全民営化したといっても、鉄道事業の継続性に疑問符が付き、いずれ国に頼るつもりであろうＪＲ九州は別にして、世間で本州3社は東急や阪急より規模が大きいだけの「大きな私鉄」とはみなされていない。残念ながら、一部の国民とくに人口閑散で鉄道の特性が発揮できない地域の住民は、企業価値を棄損する政治介入を当然視している。デモクラシーにおいては、政治家や役人は内心望ましくないと思っていても、そうした民の声に応えざるを得ない。こうした状況のもと、本州3社が一体化すれば、さらなる「たかり」に見舞われることが危惧される。企業規模が大きくなるほど、政治介入のターゲットとなりがちなのは、普遍的現象である。国家が暴力団的性格を持っていることを前提に、今後のＪＲ体制のあり方を考えねばならない。

ではどうするか。まず、ＪＲ東日本・西日本は、これ以上の「小さな国鉄」化を防ぐため、前者は東北および上信越エリアを、後者は中国エリアを子会社化し、地域ごとのハードな予算制約を確立する。ＪＲ東海は、**第13章**で述べたとおり、リニア建設を中止したうえで、東海道新幹線の「保険」として北陸新幹線運行の権利義務をＪＲ東日本・西日本から譲り受け、両新幹線を一体で運営する。

次に、本州３社は上場した以上、株主利益を害することは許されないけれど、企業価値を棄損する政治介入を阻止するため、ＪＲ北海道・四国・貨物の抜本的改革の受け皿となることを提言する。**第11章、第12章**で指摘したとおり、ローカル線を整理したうえで鉄道の特性が発揮できる在来線のみからなるＪＲ北海道・四国を、ＪＲ東日本・西日本がそれぞれ傘下に収めることには一定の経済合理性があり、株主の理解も得られやすいであろう。その際、ＪＲ東日本・西日本のローカル線廃止を進めることを国に買収の条件として要求することも考えられる。北海道新幹線については、ＪＲ北海道が運行を引き受けるにしても、ＪＲ東日本が青函トンネルを含むインフラ維持更新の責任を一切負わないことを拘束力あるかたちで国が明文化することが買収の絶対条件である。

実質大赤字のＪＲ貨物については、本州３社が共同で国から全株を買い取り、仮に全面撤退する場合も配置転換等により雇用を守ることを前提に、国鉄貨物存続の前提条件だった経済合理性に則って、貨物輸送事業を縮小する。**第８章**で指摘したとおり、これまで実質大赤字を負担させられてきた本州３社にとって、マイナスがゼロにならないにしてもかなり小さくなるという意味で、プラスの価値がある買収である。

ＪＲ九州に関しては、経営者が自ら望んだこととはいえ、上場前に無謀な新幹線建設を認めた、株主でもあった国の責任は重大である。一方、鉄道事業者として持続可能性がないことは当初から明らかであり、現在の株主を救済するような政治介入は望ましくない。将来インフラ維持コストの負担に耐えきれず、企業として立ち行かなくなった場合は、市場経済の原則どおり倒産させたうえで、新会社は鉄道として残すことに国民全体の観点から経済合理性がある路線のみ継承し、運行を継続する。

ＪＲに限らず旅客鉄道事業者にとって幸運なことに、日本は例外的に「すき間」産業である鉄道がその特性を発揮できるマーケットがまだ十分残っている。今後徐々に「すき間」が縮まっていくとはいえ、ゼロになることはないだろう。基本は撤退戦であるけれど、対策は難しくない。今度のコロナ禍のように疫病や災害などで一時的に苦境に陥ることはあっても、メーカーと違って製品競争に敗れ、需要が激減することはない。徐々に減っていく需要に対応して、少しずつ効率化を進めればよいのである。それができるかどうかは、国民が鉄道にまとわりつく様々な「物語」から自由になり、便利なら利用するけれど、それ以上でもそれ以下でもないという、冷めた態度で接してくれることにかかっている。そうなれば、票が命の政治家も鉄道への関心を失っていくであろう。国交省の俊英たちも、心ならずも政治家の意向に従っているだけで、内心は筆者と同様に考えているのではなかろうか。

日本の近代化に貢献した鉄道の老後を、距離を置いて見守る。それが鉄道を単なるノスタルジー、趣味の対象ではなく、移動という人間にとって根源的な活動の一翼を担う社会に有用な存在として、最大限生き永らえさせる唯一の道である。

〔著者略歴〕

福井　義高（ふくい　よしたか）

【経歴】

1962年　京都府生まれ

1985年　東京大学法学部卒業

1998年　カーネギーメロン大学大学院博士課程修了（Ph.D.）

日本国有鉄道、東日本旅客鉄道株式会社、東北大学大学院経済学研究科を経て、現在、青山学院大学大学院国際マネジメント研究科教授、CFA

専門は会計情報・制度の経済分析

著書に『会計測定の再評価』、『鉄道は生き残れるか』『たかが会計』（以上、中央経済社）、『日本人が知らない最先端の「世界史」』、『同２』（以上、祥伝社）、『教科書に書けないグローバリストに抗したヒトラーの真実』（ビジネス社）など

鉄道ほとんど不要論

2023年９月15日　第１版第１刷発行

著　者　福　井　義　高

発行者　山　本　継

発行所　㈱　中　央　経　済　社

発売元　㈱中央経済グループパブリッシング

〒101-0051　東京都千代田区神田神保町１－35

電話　03（3293）3371（編集代表）

03（3293）3381（営業代表）

https://www.chuokeizai.co.jp

印刷／東光整版印刷㈱

製本／誠　製　本　㈱

＊頁の「欠落」や「順序違い」などがありましたらお取り替えいたしますので発売元までご送付ください。（送料小社負担）

ISBN978-4-502-46281-8　C0065